# maire

*Saint Arnould : évêque de Soissons,*
*patron des brasseurs*
*(il tient dans sa main un fourquet,*
*râteau qui sert à mélanger le brassin).*
Coll. Yves Castelain.

Pierrot de Lille
Patrick Villechaize

# La Cuisine à la bière

*« C'est l'association de l'esprit du boire
et du manger qui donne leur réelle
saveur aux choses… »
Ronny Coutteure*

photographies : Didier Benaouda

EDITIONS OUEST-FRANCE

# som

*A Marie, ma petite fille*

*Il y a des bières que l'on savoure tout doucement en fermant les yeux, la mousse sur le coin des lèvres laissant les traces de grands moments de recueillement, et puis il y a les bières de soif que l'on boit avec plaisir également, n'enlevant rien à l'amour que l'on a pour la bière.*

*Ce livre petit format est le petit frère du livre* Aimer la cuisine à la bière, *c'est un peu la même chose, vous l'aimerez car vous le laisserez traîner en cuisine, vous l'emmènerez en voyage ou en week-end, car vous retrouverez les textes, les recettes, les belles photos de Didier Benaouda que vous aimiez tant voir dans nos autres livres aux Editions Ouest-France.*

*Un petit moment d'accalmie et vous feuilletterez en toute simplicité les recettes faciles, rapides et pratiques sur ce format très agréable.*

*Bonne cuisine à la bière !*

*Santé !*

*Et* **goûtez-moi ça…**

*Pierrot de Lille*

# Introduction

A Ronny Coutteure

*De mes « bonnes » fréquentations avec quelques joyeuses figures du Nord, me sont venus des goûts, des appétits, des satisfactions et des plaisirs gastronomiques auxquels mon éducation méditerranéenne ne m'avait pas préparé. C'est ainsi que, de carbonades en waterzoïs, de soupe flamande en tarte à la bière, je découvris toute la richesse culinaire et la variété de préparations de ce « vin flamand » cher à Gambrinus*.*

*Au risque de voir les mannes de mon Chevalier du Tastevin** de père se retourner dans leur tombe, j'ose désormais prétendre qu'il n'y a pas de liquide plus attrayant en cuisine que ce breuvage venu du fin fond de la Mésopotamie : la Bière.*

*Blonde, brune ou rousse, blanche, ambrée ou noire, chaque bière joue de ses atours et de son caractère pour séduire et entraîner l'amateur au plus profond de sa mousse. Légère, frivole, subtile, délicate, parfumée, forte, tendre, douce-amère… elle se fait enchanteresse pour partager de délicieux moments de convivialité ou d'intimité. Aucun instant ne peut ressembler à un autre tant ses vertus sont nombreuses et ses humeurs changeantes.*

*Telle une fraîche demoiselle, elle va et vient en cuisine, gaie et pétillante, se mêlant de chaque plat, affirmant son goût sur tout, virevoltant avec bonheur des entrées aux desserts sans oublier, bien entendu, viandes et poissons.*

*Faire sa connaissance revient souvent à nouer une véritable liaison tant elle sait donner d'elle-même dans la réussite d'un apprêt, tant ses ressources semblent inépuisables, tant elle sait se rendre indispensable au véritable gourmet.*

*Enfin, et ce n'est pas la moindre de ses qualités, même devenue grande Dame ou entretenue par les meilleurs, elle reste d'une infinie simplicité pour le plus grand bonheur des amateurs de bonne chère.*

* * *

*Responsable de* **Goûtez-moi ça...** *l'émission culinaire hebdomadaire de France 3 Nord-Pas-de-Calais-Picardie, je me suis toujours efforcé de promouvoir une cuisine populaire et authentique qui puisse réjouir tous les palais, ne pas vider les tirelires et rester à la portée de tous les cuisiniers amateurs.*

*Il ne se passe pas de mois que ne soit programmée une recette à la bière dont le succès ne s'est jamais démenti depuis onze ans, c'est dire avec quel plaisir je vous imagine feuilletant ces pages, persuadé que vous vous laisserez charmer par l'une d'elles.*

*Vous avez fait votre choix...*

*Laissez alors parler votre imagination, vos goûts et vos envies, la bière permet toutes les fantaisies, toutes les inventions. Même si certaines recettes semblent être dédiées à une marque spécifique, elles sauront s'adapter à celle que vous préférez.*

*Bien sûr, en changeant de bière, on change le goût, les combinaisons sont nombreuses, et cela fait de vous un véritable créateur, votre recette va devenir unique.*

*C'est ainsi que* **La Cuisine à la bière** *vous ouvre sa table du plaisir gourmand et de la convivialité.*

*Patrick Villechaize*

**Gambrinus est l'inventeur et « Roi de la Bière » dans le conte de Charles Deulin (Ed. Guy Le Prat).*

** *Confrérie vineuse du Clos Vougeot (Bourgogne).*

# Bouillon d'ail à la rousse

**Pour 6 personnes**

*3 têtes d'ail fumé d'Arleux, 300 g de pommes de terre, 2 carottes, 3 poireaux, 1 l de bière rousse, 1 l d'eau, 6 tranches de pain rassis, huile d'olive, 3 cuillerées de crème fraîche, gruyère râpé, 50 g de beurre, sel et poivre*

Laver, ciseler et, dans une cocotte, faire suer les poireaux au beurre sans coloration.

Ajouter les carottes, les pommes de terre et l'ail coupés grossièrement, verser 1 l d'eau, 1 l de bière rousse, saler et laisser cuire 1 h à petits bouillons.

Mettre les tranches de pain rassis dans une tourtière, les recouvrir de gruyère râpé et les arroser d'un filet d'huile d'olive. Mettre la tourtière à four chaud pendant une dizaine de minutes.

Pendant ce temps, mixer le contenu de la cocotte, ajouter la crème fraîche et une noix de beurre.

Dans une assiette creuse, déposer une tranche de pain recouverte de gruyère fondu et la recouvrir du bouillon mixé.

# Consommé de printemps

*Quand il reste du veau casserole*

**Pour 4 personnes**

*Les restes*

*250 g de veau, 1 ou 2 oignons, 1 ou 2 pommes de terre, 2 carottes, 1 branche de céleri*

*Rajouter*

*2 tronçons de vert de poireau, 4 feuilles d'épinard, 1 bouquet de cerfeuil, 1 bouquet de coriandre, 30 g de beurre, 1 l de bière blonde, 2 cubes de bouillon de bœuf, 1 œuf, 10 cl de crème fraîche liquide, sel et poivre*

Nettoyer le cerfeuil et ôter les tiges. Dans une casserole verser 1 l d'eau et 1 l de bière blonde. Emietter les cubes de bouillon de bœuf, ajouter le cerfeuil, le vert de poireau et porter à ébullition.

Récupérer tous les légumes avec le vert de poireau et le cerfeuil et les mixer très fin. Assaisonner au goût et verser la purée de légumes dans le bouillon. Faire mijoter à tout petit feu.

Couper le veau en petits morceaux, les mettre dans le bol du robot, ajouter le blanc de l'œuf et assaisonner.

Mixer très fin tout en ajoutant peu à peu la crème fraîche liquide.

Avec cette farce, façonner des quenelles (une douzaine) à l'aide d'une grosse cuillère et les faire pocher dans de l'eau salée pendant 3 à 4 min.

Dresser dans une assiette creuse en versant d'abord le bouillon, répartir trois quenelles et décorer de pluches de coriandre.

*Comme beaucoup de consommés, celui-ci peut être servi froid tout en gardant les quenelles chaudes.*

## gratinée à la bière de Noël

**Pour 4 personnes**

*8 gros oignons, 1 l de bouillon de bœuf, 50 cl de bière de Noël, 30 g de beurre, 2 cuillerées à soupe d'huile d'arachide, 2 cuillerées à soupe de farine, piment de Cayenne, 1 œuf, 1/2 verre de porto, 1 bouquet garni, 120 g de gruyère râpé, 4 tranches de pain de mie, sel et poivre*

Dans un faitout, faire colorer les oignons émincés dans un mélange de beurre et d'huile bien chaud, en remuant régulièrement à la spatule jusqu'à ce qu'ils deviennent très foncés.

Mettre deux cuillerées de farine à singer pendant 1 à 2 min et mouiller avec la bière de Noël en l'incorporant petit à petit, sans cesser de mélanger. Verser le bouillon de bœuf, ajouter le bouquet garni et une pointe de piment de Cayenne. Rectifier l'assaisonnement, couvrir et laisser cuire 35 min à petits bouillons.

Pendant ce temps, faire sécher les tranches de pain de mie en les passant au four.

Dans un bol, battre un jaune d'œuf avec le demi-verre de porto et une louche du bouillon. Hors du feu, verser cette liaison dans la cocotte et bien mélanger.

Verser le bouillon dans des bols individuels, déposer dessus une tranche de pain de mie et recouvrir de gruyère râpé.

Mettre les bols à four très chaud, sous la salamandre et servir dès qu'ils sont gratinés.

# potage au potiron

**_Pour 4 personnes_**

*3,5 kg de potiron entier, 4 poireaux, 4 carottes, 2 oignons, 4 pommes de terre, quelques os de veau, 1 l d'eau, 1 l de lait, 50 cl de bière de garde, 80 g de beurre, 4 cuillerées à soupe de crème fraîche, 1 botte de cerfeuil, sel et poivre*

Décalotter le potiron en coupant un chapeau au premier quart et enlever tous les pépins à la cuillère. Creuser pour récupérer la chair (à peu près 1,5 kg) en gardant une belle épaisseur et en faisant attention à ne pas percer la peau pour que le potiron puisse servir de soupière.

Dans une grande marmite, faire suer au beurre les poireaux et les oignons émincés pendant 3 à 4 min puis ajouter les pommes de terre et les carottes coupées en petits morceaux ainsi que la chair du potiron.

Verser la bière le lait et l'eau, ajouter les os de veau, assaisonner et porter à ébullition. Aux premiers bouillons, réduire le feu et laisser mijoter pendant 1 h.

Pendant ce temps, mettre le potiron évidé à four doux pour qu'il s'assèche et prenne une jolie teinte vernissée.

Retirer les os de la soupe et mixer le contenu de la marmite. Rectifier l'assaisonnement et mélanger à 40 g de beurre pour lier.

Sortir le potiron du four, y verser le potage, mettre quatre cuillerées de crème fraîche et saupoudrer de cerfeuil finement haché.

Poser le potiron à même la table sur un plat de service.

# potage des brasseurs

**_Pour 6 personnes_**

*2 kg de lentilles, 500 g de pommes de terre, 6 carottes, 3 navets, 1 branche de céleri, 6 tranches de lard frais, 1 cul de jambon fumé, 2 gousses d'ail d'Arleux, 1 l de bière blonde, 1 l d'eau, 3 oignons, thym, laurier, beurre, croûtons, sel et poivre*

Dans un grand faitout, mettre à suer au beurre les oignons, les carottes, les navets et la branche de céleri coupés grossièrement en tronçons.

Ajouter les tranches de lard, le cul de jambon fumé, une branche de thym et une feuille de laurier.

Rajouter les lentilles qui ont trempé toute une nuit, les pommes de terre en morceaux, du beurre si besoin, et faire revenir le tout.

Mouiller à hauteur avec 1 l de bière blonde légère et 1 l d'eau. Laisser cuire à petits bouillons et à couvert pendant 2 h.

Passer la soupe au mixeur après avoir enlevé le thym et le laurier, assaisonner légèrement et allonger d'eau bouillante si nécessaire.

Servir très chaud en accompagnant la soupe de croûtons frits préalablement aillés.

# soupe familiale des sans-culottes

**_Pour 4 personnes_**

*50 cl de bière des Sans-Culottes, 1 l d'eau, 1 œuf, 60 g de beurre, 1 cuillerée à soupe de farine, 150 g d'oignon, 60 g de mimolette, 60 g de gruyère râpé, pain de seigle, sel et poivre*

Dans un faitout, faire revenir au beurre les oignons finement émincés pendant 3 min.

Ajouter la farine, mélanger et laisser cuire encore 6 à 8 min.

Mouiller avec 1 l d'eau, assaisonner et laisser bouillir une dizaine de minutes environ.

Retirer le faitout du feu, battre un jaune d'œuf et le mélanger à la soupe. Ajouter la mimolette coupée en petits dés.

Verser la bière et remettre le faitout à chauffer sans faire bouillir.

Dans des assiettes creuses, disposer des tranches de pain de seigle légèrement grillées, saupoudrer de gruyère râpé et verser la soupe bouillante par-dessus.

*La bière des Sans-Culottes (7°) est une blonde de garde dorée, ronde, à la fine amertume.*

# soupe de châtaignes à la bière de Noël

**_Pour 4 personnes_**

*1 kg de châtaignes sous vide, 75 cl de bière de Noël, 50 cl d'eau, 4 tranches de poitrine fumée, 2 poireaux, 2 oignons, 2 branches de céleri, 2 gousses d'ail, beurre, 4 tranches de pain de campagne, 4 cuillerées à soupe de crème fraîche, sel et poivre*

Dans un faitout, mettre la poitrine fumée, recouvrir de 50 cl d'eau et porter doucement à ébullition, laisser frémir pendant 20 min.

Pendant ce temps, ciseler tous les légumes et les faire suer dans une poêle de beurre très chaud.

Quand la poitrine est cuite, ajouter 75 cl de bière de Noël bouillante, la fondue de légumes et les châtaignes concassées (en garder une douzaine pour la décoration). Laisser mijoter 1 h à feu doux.

En fin de cuisson, vérifier l'assaisonnement et la cuisson des châtaignes. Retirer la douzaine de fruits entiers, les tranches de lard et passer la soupe au mixer.

Remettre châtaignes et poitrine dans le faitout, ajouter quatre cuillerées de crème fraîche et laisser infuser 3 à 4 min.

Passer les tartines de pain de campagne au four.

Servir dans des assiettes creuses préchauffées en posant la tranche de pain de campagne au fond et la tranche de poitrine fumée par-dessus. Poser trois châtaignes entières et recouvrir de la soupe de châtaignes à la bière de Noël.

# soupe alsacienne

**_Pour 4 personnes_**

*1 l de bouillon de volaille, 125 g de pain rassis,*
*1 oignon, 1 noix de beurre, 25 cl de bière blonde,*
*1 cuillerée à soupe de crème fraîche,*
*1 noix de muscade, sel et poivre*

Peler, émincer l'oignon et le faire fondre dans une noix de beurre bien chaud.

Dans une casserole, faire bouillir le bouillon de volaille.

À ébullition, ajouter la bière, l'oignon émincé et la mie de pain rassie.

Laisser cuire une vingtaine de minutes.

Passer la soupe au chinois, assaisonner, et râper un peu de noix de muscade. Lier avec la crème fraîche.

# soupe flamande à la bière

***Pour 4 personnes***

*80 g de beurre, 1 oignon, 1 carotte, 1/2 boule de céleri, 1 poireau, 1 pomme de terre, 1 l de bière de garde, 1 l d'eau, 4 ailerons de volaille, sel et poivre, 100 g de vieux bruges ou de vieux gouda, 1 tranche de jambon ou cul de jambon blanc, 4 tranches de pain de mie, huile d'arachide, 1/2 botte de persil, 4 cuillerées à soupe de crème fraîche*

Dans une grande casserole, faire suer les légumes (oignon, poireau, carotte, pomme de terre) coupés en brunoise, dans un beurre chaud mais pas coloré, pendant quelques minutes.

Mettre les ailerons de volaille et laisser dorer.

Ajouter le céleri coupé en cubes, verser la bière de garde, l'eau, saler et poivrer.

Couvrir et laisser cuire pendant 1 h.

Couper le jambon, le fromage et la mie de pain en petits dés.

Faire revenir le pain dans un mélange d'huile et de beurre.

Préparer cinq bols : un pour le jambon, un pour le fromage, un pour les croûtons, un pour la crème fraîche et un pour le persil haché.

Retirer les ailerons de volaille et mixer la soupe. Rajouter quatre noisettes de beurre, deux cuillerées de crème fraîche et mélanger.

Verser la soupe dans une soupière chaude et servir à table, chacun se servant des accompagnements à sa convenance.

*Le vieux bruges ou le vieux gouda sont des fromages qui se marient avec bonheur aux bières flamandes comme celles de Saint-Omer ou d'Esquelbecq.*

# velouté de moules à la Mor Braz

**Pour 4 personnes**

*1,5 kg de moules de bouchot, 50 g de farine de froment,*
*1 l de bouillon de volaille, 33 cl de bière Mor Braz, 200 g de crème fraîche,*
*Croûtons grillés, 1 gousse d'ail, sel et poivre*

Nettoyer les moules et les faire ouvrir dans un faitout à blanc. Retirer les moules de leur coquille, les égoutter et les réserver.

Dans une cocotte à fond épais, sur le feu, verser la farine à sec sans cesser de battre au fouet jusqu'à ce qu'elle prenne une couleur noisette.

Tout en continuant de battre, mouiller avec 1 l de bouillon de volaille froid, porter à ébullition et laisser cuire à feu doux pendant quelques minutes.

Ajouter la crème fraîche et laisser infuser quelques minutes supplémentaires. Verser la bière Mor Braz, arrêter à ébullition et assaisonner.

Placer les moules dans une soupière, verser dessus le velouté et ajouter les croûtons aillés. Servir immédiatement.

**Recette de Marithé Le Berre (Mamy Cost ar Mor) pour la brasserie Mor Braz (56) et sa bière à l'eau de mer.**

*La Mor Braz est une blonde de triple fermentation, brassée à l'eau de mer et légèrement ambrée sur lie. Son parfum évoque l'air de la mer sur un fond de pur malt.*

# Amuse-gueules à l'ancienne

**Pour 50 canapés**

*15 cl de bière blonde, 200 g de gruyère râpé, 50 g de beurre, 1 cuillerée à café de moutarde, 12 tranches de pain bis, sel et poivre*

Dans une casserole, mettre à fondre doucement le gruyère râpé avec du beurre. Ajouter la moutarde, le sel et le poivre.

Incorporer doucement la bière en tournant à la cuillère de bois.

Couvrir les tranches de pain bis avec l'appareil et les couper en petits canapés. Servir tiède.

# Briks de boudin blanc aux pommes

**Pour 4 personnes**

*4 boudins blancs truffés, 4 feuilles de brik, poudre d'amande, 25 cl de Page 24 au miel, 1 œuf, 4 pommes golden, vergeoise blonde, beurre, confiture d'oignon, sel et poivre*

Préchauffer le four à 210 °C (th. 7). Oter la peau des boudins, les rouler dans la poudre d'amande puis les enrouler dans une feuille de brik, sans trop serrer (le boudin a tendance à gonfler). Finir le rouleau en repliant les bouts en portefeuille et en les humectant pour que la fermeture tienne.

Avec un pinceau, enduire les rouleaux d'œuf battu et les poser sur un plat à gratin préalablement beurré. Mettre au four pendant 15 min en n'hésitant pas à les retourner. Laver, peler et épépiner les pommes puis les couper en petits quartiers. Les saupoudrer de vergeoise et les faire revenir à la poêle dans un beurre bien chaud.

Quand elles sont bien caramélisées, verser la bière au miel et laisser infuser 5 à 6 min. Réserver les quartiers au chaud et faire réduire le jus de cuisson de moitié.

Placer la brik de boudin sur un côté de l'assiette, garnir l'autre des quartiers de pommes disposés en éventail et déposer une cuillère du jus réduit sans qu'il touche la feuille de brik.

**Recette de Patrick Vauthier pour la Brasserie Saint-Germain (62).**

*Outre ses arômes classiques, la Page 24 se décline sous différents parfums (chicorée, rhubarbe, miel…) qui font des merveilles en cuisine.*

# cassolettes d'escargots à la fondue d'endives

***Pour 8 personnes***

*48 escargots (gros), 6 grosses endives, 1 cuillerée à café de fumet de poisson, 1 l de Duc d'Havré ambrée, 50 cl de crème liquide, 50 g de beurre, 1 cuillerée à café de sucre en poudre, fécule de maïs, 1 noix de muscade, thym déshydraté, sel et poivre*

Laver, émincer finement les endives.

Dans une sauteuse, faire fondre 50 g de beurre et mettre les endives à compoter avec le sucre et un peu de sel. Ajouter le fumet de poisson, 25 cl de crème liquide et laisser mijoter jusqu'à évaporation complète de l'eau rendue par les endives.

Dans une casserole, verser la bière, porter à ébullition et faire réduire de moitié. Ajouter le reste de crème fraîche liquide, le thym, râper un peu de muscade, saler, poivrer et lier le tout à la fécule de maïs.

Placer la compote d'endives dans des cassolettes individuelles, poser six escargots par-dessus, recouvrir de sauce à la bière et mettre à four chaud pendant 15 min. Servir aussitôt.

**Recette de Bruno Denimal, Restaurant Basilico & Co, pour la Duc d'Havré, Tourcoing (59).**

*Cette toute jeune bière ambrée, à peine née, compte de nombreux zélateurs. Il est vrai qu'avec ses arômes maltés, sa longueur en bouche et son corps généreux, elle a tout d'une grande.*

# caquelons d'Abondance

**Pour 4 personnes**

*800 g de fromage d'Abondance, 20 cl de Frasses (ale rousse), 1 gousse d'ail, poivre du moulin, charcuterie savoyarde, 4 grosses pommes de terre*

Frotter d'ail les petits caquelons de terre cuite et les remplir de 200 g de fromage d'Abondance râpé.

Verser 20 cl de bière rousse Frasses dans chacun d'eux et poivrer généreusement. Passer les caquelons au four à 180 °C pendant une quinzaine de minutes pour que l'appareil soit bien gonflé.

Servir rapidement en les accompagnant d'un assortiment de charcuteries savoyardes et de pommes en robe des champs, sans oublier le pain de froment pour saucer et une bonne pinte de Frasses.

**Recette de M. Mouthon, « Le Fer Rouge », 74360 La Chapelle-d'Abondance, pour la microbrasserie La Maison du Père Georges.**

*La Frasses est une bière ambrée avec une persistance d'amertume très agréable. Fleuron des bières artisanales de la région Rhône-Alpes, elle se présente comme la « bitter » de Haute-Savoie.*

# filets de harengs marinés

**Pour 4 personnes**

*250 g de filets de harengs, 75 cl de bière de garde, 2 échalotes, 5 baies de genièvre, 1 bouquet de persil, thym, laurier*

Éplucher et émincer les échalotes.

Dans une terrine, disposer une couche de filets de harengs et recouvrir d'une couche d'échalote, de persil haché, de thym et d'une feuille de laurier.

Recommencer l'opération jusqu'à épuisement des ingrédients, recouvrir entièrement avec la bière et ajouter les baies de genièvre.

Laisser mariner cette préparation au frais, pendant 48 h. Servir les filets de harengs marinés, avec une salade, des pommes à l'eau et des rondelles d'œufs durs.

# Tartines des Frimas

**_Pour 4 tartines_**

*4 tranches de pain de campagne, 40 cl de bière Frimas d'Alauna, 8 œufs, 300 g de gruyère râpé, paprika, fleur de sel, poivre du moulin*

Dans un saladier, battre les œufs en omelette et incorporer la bière.

Ajouter le gruyère, le paprika, la fleur de sel et le poivre sans cesser de battre.

Verser la préparation sur les tartines en répartissant le tout.

Mettre au four à th. 6 et laisser cuire jusqu'à ce que le dessus des tartines soit bien doré.

*Coupées en petits carrés, ces tartines peuvent servir d'amuse-gueule pour l'apéritif.*

**Recette de la brasserie d'Alauna, Valognes (50).**

*La Frimas d'Alauna est une bière noire, corsée (7°5), aux arômes fins et subtils.*

# Gelade de lapereau à l'Hinano

**_Pour 4 personnes_**

*1 lapereau, poitrine salée, 2 x 33 cl de bière Hinano, baies de genièvre, fleur de thym, laurier, sel de Guérande, poivre du moulin*

*Détailler le lapereau :*

Couper le râble en quatre morceaux, les cuisses en deux morceaux au niveau de l'articulation, puis le plus gros morceau encore en deux.

Laisser entières les pattes avant, mais les inciser au niveau des articulations pour qu'elles ne se rétractent pas à la cuisson.

Enfin, traiter le coffre comme un carré pour faire deux morceaux (couper en deux au niveau du thorax, puis manchonner et gratter).

Mettre tous les morceaux dans un grand saladier et les assaisonner avec le sel de Guérande, le poivre moulu, les baies de genièvre écrasées, la fleur de thym et une feuille de laurier émiettée.

Couper la poitrine salée en seize lardons. Préparer un bain-marie.

Répartir trois quarts des morceaux de lapereau assaisonné dans des pots en grès individuels, ajouter quatre lardons par pot, mouiller avec la bière et mettre à cuire, à couvert, au bain-marie très chaud.

Laisser refroidir et servir en gelée avec une salade d'endives aux pommes et aux dés de betterave, assaisonnée d'huile d'olive et de vinaigre balsamique.

**Recette de Valéry Malijesnovsky, « Le Méridien », Tahiti, pour la bière Hinano.**

*Produite par la Brasserie de Tahiti, cette bière blonde est née en 1955. Sa qualité, soulignée par deux médailles d'or, et son charme l'ont rendue ambassadrice incontournable de la Polynésie française.*

# Tarte aux poireaux de la Belle Siska

### Pour 6 personnes

*Pour la pâte :*

*250 g de farine, 150 g de beurre, 1 pincée de sel, 1 verre d'eau froide*

*Pour l'appareil :*

*8 poireaux, 80 g de beurre, 75 cl de Belle Siska, 200 g de lardons, 250 g de crème fraîche, 3 œufs, 1 noix de muscade, sel et poivre*

*Préparer la pâte :*

Mélanger 250 g de farine avec 150 g de beurre, ajouter une pincée de sel, verser un verre d'eau froide et bien pétrir pour obtenir un pâton homogène. Le laisser reposer au frais sous un linge humide pendant une quinzaine de minutes.

*Préparer l'appareil :*

Laver les poireaux, éliminer les feuilles vertes et couper les blancs en deux ou trois tronçons.

Dans une sauteuse, faire chauffer 80 g de beurre et y faire revenir les poireaux après les avoir assaisonnés. Mouiller avec 75 cl de bière ambrée et laisser cuire à découvert sur feu doux jusqu'à ce qu'ils soient bien confits (1 h environ).

Dans une poêle, faire fondre les lardons jusqu'à transparence. Battre les jaunes de trois œufs et mélanger à 250 g de crème fraîche.

Assaisonner et râper une noix de muscade. Préchauffer le four à 210 °C (th. 7). Étaler la pâte et la placer dans une tourtière préalablement beurrée.

Couvrir la pâte avec les poireaux confits, répartir les lardons, recouvrir avec la crème et mettre au four pendant 45 min.Servir la tarte très chaude, accompagnée d'une salade de mâche ou de cresson.

*La Belle Siska est une ambrée de fermentation basse (7°) à l'agréable goût de caramel.*

# Andouillettes d'Arras en ramequins

**Pour 4 personnes**

*400 g d'andouillettes d'Arras, 40 g d'échalotes de Busnes, 1 cuillerée à soupe de crème fraîche, 25 cl de Ch'ti ambrée, 1 verre de genièvre de Houlle, beurre, huile, 1 bouquet de cerfeuil, 1 bouquet de ciboulette, sel et poivre*

Couper les andouillettes en rondelles de 3 à 4 cm et les faire sauter dans un mélange bien chaud de 30 g de beurre et deux cuillerées d'huile.

Ajouter les échalotes émincées, assaisonner et faire flamber au genièvre.

Verser 25 cl de bière ambrée et laisser mijoter 5 à 6 min.

Ajouter alors une cuillerée de crème fraîche, saupoudrer avec la ciboulette hachée, quelques pluches de cerfeuil et laisser infuser.

Dresser les andouillettes, à parts égales, dans des caquelons de porcelaine ou de fonte préalablement chauffés, et napper de sauce.

*Le léger goût de miel de la Ch'ti triple brassée dans l'Artois donne une saveur plus personnelle à cette délicieuse entrée.*

# Flamiche au maroilles

**Pour 8 personnes**

*300 g de pâte feuilletée, 5 œufs, 400 g de maroilles bien fait, 1 noix de muscade, 20 cl de bière brune, 4 cs de crème fraîche, sel et poivre*

Sur un plan de travail fariné, étaler la pâte feuilletée et la disposer dans une tourtière d'au moins 24 cm. (On peut aussi travailler une pâte à foncer ou une pâte brisée.)

Gratter la croûte du fromage de Maroilles, le couper en grosses tranches et poser ces lamelles sur la pâte.

Dans un grand bol, battre cinq œufs en omelette avec quatre cuillerées de crème fraîche, la muscade râpée, du sel et du poivre. Tout en continuant de battre, verser la bière brune. Quand tout est bien mélangé, verser cette préparation sur les lamelles de maroilles.

Mettre au four à 200 °C et laisser cuire pendant 30 ou 35 min.

Servir chaud avec une salade et une bière de garde bien fraîche.

# Foie gras d'oie, confiture d'oignons

**Pour 6 personnes**

*Pour le foie gras :*
*1 kg de foie gras d'oie, 6 cl de bière de garde, 2 cl d'armagnac, 15 g de sel, graisse d'oie*

*Pour la confiture :*
*500 g d'oignons, 33 cl de bière de garde, 250 g de vergeoise brune, thym, laurier*

*Préparer le foie gras :*

Ouvrir le foie d'oie, le débarrasser des veines avec la pointe d'un couteau, enlever les peaux et le détailler en gros morceaux.

Mettre les morceaux dans un petit plat à bords hauts, les saupoudrer de sel et verser 6 cl de bière de garde et une dose d'armagnac.

Recouvrir le plat d'un film de cuisine et le mettre au réfrigérateur pendant 1 h.

Préchauffer le four à 90 °C.

Enduire l'intérieur d'une terrine de graisse d'oie et y verser le contenu du plat. Placer la terrine dans un bain-marie et la mettre au four pendant 1 h.

Sortir la terrine du four et laisser reposer et épaissir pendant 24 h.

*Préparer la confiture d'oignons :*

Éplucher et émincer les oignons.

Dans une poêle, avec les oignons émincés, verser la bière, ajouter la vergeoise brune, le thym, le laurier et porter à ébullition.

Laisser mijoter et réduire jusqu'à ce que le mélange caramélise et prenne une consistance de confiture.

Servir tiède ou froid, en accompagnement du foie gras.

# potjevlesh des 3 Monts

**Pour 4 personnes**

*2 cuisses de poulet, 2 râbles de lapin, 2 épaisses tranches de lard frais, 200 g d'épaule de veau, 75 cl de bière des 3 Monts, 10 cl de vinaigre blanc, 4 cl de genièvre, 2 gros oignons blancs, 10 g de gélatine en poudre, baies de genièvre, thym, laurier, sel et poivre mignonnette*

Séparer les cuisses des avant-cuisses du poulet, couper en deux les râbles de lapin et les tranches de lard, couper en quatre parts de 50 g les morceaux d'épaule de veau et émincer les oignons.

Tapisser d'oignon émincé le fond d'une terrine en terre de taille moyenne (elle doit contenir tous les ingrédients en les maintenant très serrés).

Placer tous les morceaux de viande dans la terrine en alternant des couches par catégorie et finir par le reste d'oignon.

Ajouter quelques baies de genièvre, le thym, le laurier, saupoudrer de gélatine, assaisonner et verser 10 cl de vinaigre blanc et 4 cl de genièvre.

Recouvrir le tout avec la bière des 3 Monts, poser le couvercle et mettre au four à 150 °C pour une cuisson de 3 h 15.

Dans la dernière demi-heure, verser à nouveau de la bière à hauteur pour pallier l'évaporation. Sortir du four et attendre 24 h pour servir le potjevlesh froid avec une salade, des frites et un demi de bière.

*La 3 Monts, blonde de garde de fermentation haute, est brassée par infusion, essentiellement avec des houblons flamands. Elle a un délicieux goût de céréales avec une persistance mêlée d'amertume, de fruité et de noisettes.*

# Tarte aux oignons

**_Pour 6 personnes_**

*Pour la pâte :*
*500 g de farine, 300 g de beurre, 2 cuillerées à soupe de bière blonde, 1 œuf, 1 pincée de sel*

*Pour l'appareil :*
*1,250 kg d'oignons, 25 cl de bière blonde, 150 g de vergeoise, 3 œufs, 3 cuillerées à soupe de crème fraîche, sel et poivre*

Réaliser une pâte à tarte avec tous les ingrédients, l'abaisser après l'avoir laissée reposer et l'étendre dans une tourtière sans oublier de la piquer.

Émincer tous les oignons le plus finement possible et les faire cuire à tout petit feu dans 25 cl de bière et 150 g de vergeoise, sans cesser de tourner à la cuillère de bois pour qu'ils n'attachent pas.

Quand les oignons ont bu toute la bière et sont devenus comme une purée, retirer du feu et mélanger avec trois grosses cuillerées de crème fraîche et trois œufs entiers.

Verser doucement l'appareil sur la pâte, assaisonner au goût et lisser la surface. Mettre à cuire 30 min au four, th. 7/8.

# Terrine de lapin aux pruneaux

**Pour 8 personnes**

*1,5 kg de lapin, 150 g de pruneaux dénoyautés, 1 l de bière de garde, 1 carotte, 1 oignon, 1 gousse d'ail, fleur de thym (ou 1 branche), 4 cuillerées à café de fond de volaille, 4 cuillerées à soupe de gelée en poudre, huile, fleur de sel, poivre du moulin*

S'il n'est pas préparé par le volailler, découper le lapin en morceaux.

Éplucher et couper la carotte en tronçons, éplucher et émincer l'oignon et écraser la gousse d'ail. Préparer 50 cl de fond de volaille.

Dans une cocotte, faire revenir dans un peu d'huile les morceaux de lapin, la carotte, l'oignon et l'ail. Ajouter 1 l de bière, le demi-litre de fond de volaille, le thym, assaisonner et laisser mijoter à petit feu pendant 1 h.

Quand la chair commence à se détacher, laisser refroidir et décortiquer le lapin pour enlever tous les os.

Dans une casserole, verser le jus de cuisson à travers un chinois, diluer quatre cuillerées de gelée en poudre et porter à ébullition sans cesser de remuer. Réserver.

Disposer une première couche de lapin au fond de la terrine et poser les pruneaux dénoyautés dessus. Finir par une seconde couche de lapin, verser la gelée encore tiède jusqu'au ras de la terrine et garder au frais.

Servir avec une salade de pissenlits ou de mâche.

# Pâté de foie à la Carousse

**Pour 6 personnes**

*500 g de foie de porc, 500 g de lard gras, 100 g de barde, 25 cl de Carousse, 5 cl d'eau-de-vie, thym, sel et poivre, farine, eau*

Ôter la peau et les membranes du foie de porc, le détailler et couper le lard gras en morceaux. Assaisonner les viandes et les mettre dans le bol d'un mixeur pour les hacher finement.

Placer le hachis dans un récipient, ajouter la bière, le thym émietté, l'eau-de-vie et faire mariner au moins 2 h au réfrigérateur.

Pendant ce temps, confectionner une pâte épaisse avec un peu de farine simplement mélangée à de l'eau.

Garnir une terrine de fine barde et y tasser le hachis. Recouvrir de barde et souder hermétiquement le couvercle avec la pâte.

Déposer la terrine dans une plaque creuse avec de l'eau chaude et mettre à cuire au four à th. 5/6 pendant 1 h.

Retirer le couvercle de la terrine et remettre celle-ci au four pour bien faire dorer le dessus.

Retirer du four et laisser refroidir dans un endroit frais pendant 24 h.

**Recette de Jacques Bottemane pour la brasserie du Pays d'Oc, Nébian (34800).**

*Cette bière ambrée, brassée par un artisan du Languedoc-Roussillon, titre 6°9 d'alcool.*

# Tartines flamandes à l'escargot des brumes, confit de chicons

***Pour 4 personnes***

*4 douzaines d'escargots au court-bouillon, 200 g de Tomme Audomaroise, 33 cl de bière Terre de Brume (ambrée), 400 g de crème fraîche, beurre aillé, paprika, poivre noir, 4 grosses tartines de pain de campagne*

*Pour le confit*

*4 endives (500 g), 25 cl de bière ambrée Terre de Brume, 250 g de vergeoise brune*

Dans une sauteuse, verser 25 cl de bière, la vergeoise, les chicons finement émincés et porter à ébullition.

Laisser mijoter et réduire jusqu'à ce que le mélange caramélise et prenne la consistance d'une confiture.

Dans une casserole, verser 33 cl de bière et la porter à ébullition. Pendant ce temps, débiter le fromage en petits copeaux.

Au premier bouillon, verser les copeaux de fromage dans la bière, ajouter les escargots égouttés, la crème fraîche, une pincée de paprika et de poivre noir et faire fondre le fromage à feu doux, en remuant souvent, jusqu'à obtenir une pâte bien homogène.

Faire griller les tartines de pain de campagne et les enduire de beurre aillé.

Etaler la pâte sur les tranches de pain et servir les tartines accompagnées du confit de chicon, éventuellement d'une salade de mâche ou de cresson.

**Recette d'Emmanuel Brasseur, « L'Escargotière du Choquel », pour la Brasserie Artisanale Jestin, à Boulogne-sur-Mer (62), l'une des deux seules brasseries françaises tenues par une femme.**

*La Terre de Brume, conçue par Véronique Jestin, est une bière ambrée de fermentation haute qui titre 6°1. Ses atouts pour séduire : sa légèreté et la finesse de ses arômes.*

# Œufs pochés des brasseurs

### *Pour 6 personnes*

*12 œufs très frais, 1 l de bière de mars, 25 cl de vinaigre blanc, 1 verre de genièvre de Houlle, 250 g de lardons fumés, 2 morceaux de sucre, 50 g de beurre, 3 cuillerées à soupe d'huile d'arachide, 2 petites tomates, 2 petites carottes, 1 oignon, 2 échalotes, 2 gousses d'ail, 4 cuillerées à soupe de farine, 1 bouquet garni, 2 cuillerées à soupe de crème fraîche, 1 botte de cerfeuil, sel et poivre*

Dans une casserole, faire chauffer la bière avec deux sucres, mettre le genièvre chaud et faire flamber.

Dans une autre casserole, colorer les lardons dans un mélange de beurre et d'huile, ajouter l'oignon et les échalotes ciselés et faire blondir. Ajouter les carottes coupées en brunoise et laisser cuire 2 à 3 min.

Ajouter l'ail émincer, les tomates concassées et mélanger. Lier avec la farine en pluie, verser la bière, ajouter le bouquet garni, assaisonner et laisser cuire une vingtaine de minutes en surveillant la cuisson.

Incorporer doucement la crème fraîche à la sauce et réserver au chaud.

Dans une grande casserole, faire bouillir de l'eau avec le vinaigre blanc. Casser les œufs dans des cassolettes individuelles, sans les percer.

Poser doucement les œufs dans l'eau frémissante et laisser cuire 3 min en prenant soin de rabattre sur l'œuf le voile blanc qui surnage, à l'aide d'une spatule en bois.

Les sortir délicatement à l'aide d'une écumoire et les égoutter sur un papier absorbant.

Dresser deux œufs dans chaque cassolette et les recouvrir de la sauce et des lardons. Parsemer de quelques pluches de cerfeuil et servir aussitôt.

# welsh rarebit à la pelforth

**_Pour 4 personnes_**

*25 cl de Pelforth brune, 125 g de cheddar, 125 g de mimolette Boule d'Or, 1 œuf, beurre, moutarde de Dijon, sauce worcester, piment en poudre, 4 tranches de pain de campagne*

Dans une casserole, verser la bière et la porter à ébullition.

Pendant ce temps, couper les fromages en petites lamelles.

Au premier bouillon, plonger les morceaux de fromage dans la bière, ajouter une pincée de piment, une petite cuillerée de sauce worcester et laisser fondre les fromages à feu doux, sans bouillir et en mélangeant souvent jusqu'à ce que la pâte soit bien liée.

Faire griller les tranches de pain et les disposer dans un plat à four préalablement beurré. Sortir la casserole du feu, incorporer un jaune d'œuf battu et ajouter une cuillerée à café de moutarde. Étaler cette pâte liquide sur les tranches de pain grillé et mettre au four sous le gril pendant 4 à 5 min, jusqu'à ce que le fromage soit joliment doré. Servir les tartines de Welsh accompagnées d'une salade de mâche, de pissenlits ou de cresson.

*Anciennement Pélican, cette brune de spécialité titre 6°5. C'est une bière de fermentation haute, inscrite au patrimoine culinaire français depuis 1992.*

# Assiette du capitaine

**Pour 4 personnes**

*50 cl de blanche des Naufrageurs, 24 langoustines, 16 grosses crevettes roses, 200 g de crevettes grises, 400 g de moules, 200 g de coques, 200 g de tellines, 20 bulots, 2 cuillerées à soupe d'huile d'olive, beurre, fleur de thym, 3 feuilles de laurier, 1 citron, fleur de sel de Guérande, poivre du moulin*

Mettre tous les coquillages et les crustacés dans une grande sauteuse avec deux cuillerées d'huile d'olive, une noix de beurre, du thym (fleur de thym de préférence), trois tours de moulin à poivre et bien faire suer le tout.

Verser 50 cl de bière blanche des Naufrageurs sur les fruits de mer bien chauds en penchant la sauteuse sur le feu pour enflammer l'alcool de la bière et faire réduire de moitié. Servir dans un plat de service creux avec quelques tranches de citron, trois feuilles de laurier et saupoudrer de fleur de sel.

**Recette de Luc Zindel, restaurant « L'Assiette du Capitaine », île d'Oléron (17), pour la brasserie des Naufrageurs.**

*Cette fille de l'île d'Oléron est une bière à l'ancienne sur levure, avec refermentation en bouteille. Déclinée de toutes les couleurs, la Blanche des Naufrageurs est celle qui s'accorde le mieux avec cette opulente préparation de fruits de mer.*

# Beignets de gambas à la bière

**Pour 6 personnes**

*24 gambas fraîches (ou surgelées), 33 cl de bière de garde, thym, laurier, gingembre, baies rouges, grains de coriandre, huile de friture*

*Pour la pâte à beignets*

*2,5 cl de bière de garde, 300 g de farine tamisée, 5 g de sel, 5 œufs, 3 cl d'huile d'arachide*

*Faire la pâte à beignets*

Dans un saladier, mettre 250 g de farine tamisée en puits, ajouter le sel, deux œufs entiers et 3 cl d'huile d'arachides. Battre au fouet en prenant un peu de farine puis incorporer la bière petit à petit, toujours en battant, jusqu'à obtenir une crème onctueuse (ne pas hésiter à équilibrer avec plus de farine ou de bière).

Laisser reposer à température ambiante sous un torchon propre.

*Préparer les gambas*

Décortiquer les gambas en leur laissant le bout de la queue (les parures peuvent servir à faire un délicieux fumet).

Les mettre à mariner avec 33 cl de bière de garde, une feuille de thym, une branche de laurier, un peu de gingembre râpé et quelques grains de coriandre et de baies rouges.

Monter trois blancs d'œufs en neige ferme avec une pincée de sel et les incorporer délicatement à la pâte à beignets.

Egoutter les gambas, les tremper dans la pâte et les plonger dans une friture très chaude jusqu'à totale coloration.

# Civet de petits-gris à la Fourche du Diable

**Pour 8 personnes**

*1,2 kg d'escargots petits-gris, 250 g de champignons des bois, 200 g d'oignons, 200 g de carottes, 75 cl de Fourche du Diable, 200 g de poitrine fumée, 1 bouquet de persil, 1 tête d'ail, 200 g de beurre, 1 l de fond de veau, petits croûtons aillés, sel et poivre*

Dans 50 g de beurre, faire revenir les carottes coupées en rondelles, les oignons émincés, les queues de persil ciselées et trois gousses d'ail écrasées.

Ajouter 1 l de fond de veau et 75 cl de bière Fourche du Diable. Réduire aux trois quarts sur feu doux, mixer le tout et retirer du feu.

Dans 50 g de beurre, faire sauter à feu très vif le reste d'ail, les lardons, les champignons, les deux tiers du persil haché et les petits-gris. Assaisonner et réserver au chaud dans un plat de service creux.

À l'aide d'un mixeur, monter la sauce avec 100 g de beurre et en napper les escargots. Ajouter les petits croûtons aillés.

Accompagner le civet d'un riz pilaf ou d'un gratin de pommes de terre.

**Recette de Bruno Mangin pour la brasserie « La Rouget de Lisle », Bletterans (39).**

*Cervoise jurassienne à base d'orge malté et de blé, le brasseur utilise un soupçon de gentiane pour rassembler le houblon traditionnel ce qui lui confère de remarquables qualités gustatives et digestives.*

# gratin de fruits de mer

**Pour 4 personnes**

*50 cl de moules, 16 crevettes roses, 12 encornets, 4 Saint-Jacques (avec corail), 10 cl de bière de garde, 3 échalotes de Busnes, 250 g de champignons de Paris, 25 cl de crème fraîche, 2 cuillerées à soupe de farine, beurre, chapelure, piment de Cayenne, persil, sel et poivre*

Cuire les encornets et les crevettes dans un court-bouillon. Pendant ce temps, préparer les moules et les faire ouvrir à blanc.

Dans une sauteuse, faire suer les échalotes émincées, verser la bière de garde et ajouter la crème fraîche.

Faire sauter les champignons de Paris puis les ajouter dans la sauteuse pour les faire infuser pendant 7 à 8 min.

Ajouter le piment de Cayenne, assaisonner, mettre les moules décortiquées et les coquilles Saint-Jacques et laisser mijoter à feu doux.

Faire un roux blanc avec le beurre et la farine et monter en sauce avec le jus de cuisson passé au chinois.

Faire mijoter tous les fruits de mer dans cette sauce pendant 2 à 3 min après l'avoir saupoudrée de persil haché.

Dans un grand plat à gratin, disposer tous les fruits de mer, napper de sauce, parsemer de chapelure et mettre à four chaud pendant une dizaine de minutes. Servir chaud avec un riz basmati.
*Les encornets sont de tout petits calamars (5 à 6 cm) également appelés supions dans le midi.*

# coquilles saint-jacques aux chicons à la vapeur de bière blanche de péronne

**Pour 4 personnes**

*16 coquilles Saint-Jacques, 6 endives de pleine terre, 1 l de bière blanche de Péronne, 1 carotte, 1 petit navet nouveau, 1 poireau, 1 oignon, 3 branches de fenouil, 2 gousses d'ail, 8 baies de genièvre, 1 bouquet garni, 1 cuillerée à café de vergeoise blonde, 100 g de beurre, 1 bouquet de coriandre, sel et poivre du moulin*

Laver, éplucher et détailler grossièrement la carotte, le navet, le blanc du poireau, l'oignon et le fenouil.

Écraser les gousses d'ail et mettre le tout dans un cuit-vapeur rempli de 1 l de bière blanche. Ajouter le bouquet garni, les baies de genièvre, porter à ébullition et laisser cuire à petits bouillons pendant une dizaine de minutes.

Pendant ce temps, enlever les premières feuilles des endives et les couper en julienne. Placer les endives dans le premier compartiment du cuit-vapeur et les parsemer d'un peu de vergeoise blonde.

Préparer les coquilles Saint-Jacques et les déposer dans le second compartiment. Poser le compartiment des endives sur le cuit-vapeur, couvrir et laisser agir la vapeur une quinzaine de minutes. Au bout de ce temps, rajouter le second compartiment au premier et faire cuire les coquilles Saint-Jacques à la vapeur 3 à 4 min.

Prélever quelques louches du bouillon, faire réduire et le monter au beurre pour obtenir une sauce moelleuse.

Dresser un lit avec la julienne de chicons, y déposer les coquilles Saint-Jacques, assaisonner légèrement, napper de sauce et parsemer de quelques pluches de coriandre fraîche.

**Recette de Patrick Vauthier pour la brasserie De Clerck, Péronne (80).**

*La Blanche de Péronne, produite en hommage à sainte Hildegarde (ve siècle), qui dans un traité sur la phytothérapie loue les vertus de la bière, associe malts et froments à l'orge picarde et au houblon flamand.*

# Gratin de moules de Port-Giraud à la Brigantine

***Pour 4 personnes***

*2 kg de moules de bouchot, 1 l de bière Brigantine, 1/4 de branche de citronnelle, 4 branches de persil plat, 2 échalotes, 1 cuillerée à soupe d'huile d'olive, 50 g de beurre, 250 g de chapelure, sel et poivre*

Laver et débarrasser les moules de leurs barbes. Hacher le persil, la citronnelle fraîche et ciseler les échalotes.

Placer le tout dans une casserole, ajouter l'huile d'olive, la bière et assaisonner. Régler à feu doux et cuire comme pour une marinière.

Quand les moules sont cuites, les verser dans une grande passoire et récupérer le jus de cuisson. Mélanger ce jus au beurre et à la chapelure.

Ôter le chapeau des moules et les disposer dans un plat à gratin suffisamment large. Verser sur chacune d'elles le mélange de chapelure, de beurre et de jus de cuisson. Mettre le plat au four sous le gril et sortir les moules dès qu'elles sont assez colorées.

**Recette de Denis Janneau, auberge de « La Fontaine aux Bretons », Pornic (44) pour la brasserie de la Brigantine, de la Côte de Jade.**

*La brigantine, ainsi nommée pour la passion que le brasseur porte à la voile, est une blonde titrant 5°.*

# Huîtres à la Trinquette

***Pour 6 personnes***

*36 huîtres n° 3, 33 cl de bière Trinquette, crème fraîche épaisse, échalotes, beurre, chapelure fine, fleur de sel, poivre, gros sel*

Ouvrir et décoller les huîtres, les réserver dans un saladier et conserver la moitié des coquilles creuses.

Dans un faitout, faire blondir les échalotes émincées dans un peu de beurre, déglacer à la bière et laisser réduire à feu doux.

Incorporer doucement les huîtres sans les casser et les faire pocher 1 ou 2 min. Verser deux huîtres dans chaque coquille, un peu du jus de cuisson, ajouter une noix de crème fraîche et saupoudrer légèrement de chapelure, de fleur de sel et de poivre. Mettre au four à th. 6 jusqu'à ce que la crème fonde et soit très légèrement gratinée.

**Recette de la brasserie d'Alauna, Valognes (50).**

*Non filtrée, non pasteurisée, cette bière blanche (4°7) est aromatisée au calvados.*

# Homard braisé aux herbes

***Pour 4 personnes***

*4 homards portion, 2 l de bière blanche, 25 cl de fumet de poisson, 250 g de beurre, 10 cl de crème fraîche, 1 bouquet de ciboulette, 1 bouquet de cerfeuil, 1 bouquet de coriandre, 1 bouquet d'aneth, poivre de Cayenne, poivre du moulin, sel de Guérande*

Plonger les homards vivants dans un grand faitout d'eau bouillante, les couper en deux et disposer les quatre pièces tête-bêche sur un plat à four préalablement beurré.

Arroser le homard de 1,5 l de bière blanche, de 25 cl de fumet de poisson, assaisonner et mettre au four à 240 °C pendant une quinzaine de minutes.

Dans un saladier, hacher la moitié de tous les bouquets d'herbe.

Dans une casserole, verser le demi-litre de bière restant et faire réduire. Ajouter la crème fraîche et laisser réduire à nouveau de moitié. Monter la sauce en y incorporant peu à peu 100 g de beurre en copeaux jusqu'à obtenir un beau beurre blanc.

Incorporer les herbes hachées à la sauce et assaisonner de poivre de Cayenne et de sel.

Dresser chaque moitié de homard dans une assiette chaude et légèrement creuse, leur faire une nage du jus de cuisson et napper la chair de beurre blanc aux herbes.

**Recette de Stefaan Couttenye, restaurant le 't Hommelhof, Watou (Belgique).**

# Moules en beignets de Saint-Landelin, sauce curry

***Pour 4 personnes***

*4 douzaines de moules marinière, huile de friture, 1 botte de petit cresson*

*Pour la pâte à frire :*
*250 g de farine, 4 œufs, 20 cl de bière ambrée, 1/2 verre d'eau*

*Pour la sauce :*
*1 petit oignon, 1 gousse d'ail, 1 pomme golden, 1 tomate, 1 cuillerée à café de farine, 1 cuillerée à soupe de curry en poudre, 20 cl de bouillon de volaille en cube, 20 cl de vin blanc, 20 cl de crème fraîche, 20 g de beurre, 1 bouquet garni, poivre aux baies roses*

Égoutter et ôter les moules marinière de leur coquille. Réserver.

*Préparer la pâte à frire :*

Dans un saladier, mélanger la farine et l'huile puis y incorporer deux jaunes d'œufs (réserver les blancs) en battant au fouet. Verser un demi-verre d'eau, la bière ambrée et laisser reposer une quinzaine de minutes.

Fouetter les blancs en neige ferme et les incorporer doucement à la pâte avec une spatule de bois.

***Préparer la sauce au curry :***

Peler la pomme, l'oignon, l'ail et les émincer finement. Les faire revenir dans un peu de beurre, saupoudrer de farine et de curry en poudre et laisser sécher.

Ajouter le vin blanc, le bouillon de volaille, le bouquet garni et laisser mijoter à feu doux. Pendant ce temps, monder la tomate et la couper en brunoise pour la répartir sur les assiettes.

Une à une, passer les moules dans la pâte à frire et les plonger dans une friture très chaude, pendant 2 à 3 min. Égoutter sur du papier absorbant.

Verser 2 cl de crème fraîche dans la sauce, laisser infuser quelques instants et assaisonner de poivre aux baies roses.

Dresser les assiettes chaudes en plaçant d'abord la brunoise de tomate au milieu, verser la sauce dessus à travers une passoire, disposer les beignets tout autour et décorer de pluches de petit cresson.

*On peut mélanger les moules avec de grosses crevettes ou des gambas décortiquées.*

**Recette de Patrick Vauthier pour les Brasseurs de Gayant, Douai (59).**

*Seule bière d'abbaye française, la Saint-Landelin ambrée est brassée avec des malts légèrement torréfiés qui lui donnent une saveur caramélisée.*

# Nage de saint-jacques à la blanche et à l'orge perlé

***Pour 4 personnes***

*20 coquilles Saint-Jacques, 400 g de pousses d'épinards, 200 g d'orge perlé, 75 cl de bière blanche Saint-Martial, 2,5 cl de vinaigre balsamique, 2,5 cl d'huile d'olive, 50 g de cassonade, 2 échalotes, 1 gousse d'ail, fleur de sel de Guérande, poivre du moulin*

Ouvrir les coquilles Saint-Jacques, retirer les noix, les nettoyer et les égoutter sur un torchon.

Cuire l'orge perlé dans une casserole d'eau bouillante et salée, rincer, égoutter et réserver au chaud.

Laver les pousses d'épinards et ciseler les échalotes.

Dans une casserole, verser le vinaigre balsamique et la cassonade pour obtenir un sirop. Ajouter 70 cl de la bière blanche de Saint-Martial et faire réduire de moitié.

Dans une sauteuse, faire revenir les pousses d'épinards et la gousse d'ail écrasée dans un peu d'huile d'olive. Poêler les Saint-Jacques.

Dans une assiette bien chaude, disposer les pousses d'épinards en tapis, mettre l'orge perlé autour et placer les noix de Saint-Jacques par-dessus.

Déglacer le jus de cuisson avec les 5 cl de blanche restants, mixer pour obtenir une mousse légère et en napper les noix de Saint-Jacques.

Parsemer de fleur de sel de Guérande et de poivre du moulin.

**Recette de Guy Queroix, restaurant « La Cuisine », Limoges (87), pour la bière Saint-Martial.**

*Cette limousine est une bière pur malt, non pasteurisée, qui titre 4°4.*

# Moules marinière « Braderie de Lille »

***Pour 4 personnes***

*700 g de moules de bouchot par personne, 3 oignons, 1 botte de persil, 1 gousse d'ail, 40 g de beurre, 1 botte de céleri, 1 citron, 2 à 3 verres de bière blanche, sel, poivre mignonnette*

Dans un grand faitout, faire fondre le beurre et y faire suer deux oignons émincés, à couvert, pendant 2 à 3 min.

Après avoir bien nettoyé les moules, les mettre dans le faitout avec le céleri coupé en tronçons et chauffer sur un gaz très fort. À ébullition, ajouter la bière et la gousse d'ail écrasée, poivrer, saler et remettre le couvercle.

Attendre 7 à 8 min.Lorsque les moules sont ouvertes, ajouter un gros oignon haché menu et saupoudrer de persil.

Servir dans des assiettes ou, mieux, dans des poêlons bien chauds et décorer d'une rondelle de citron. Accompagner d'une énorme portion de frites et arroser d'une bière du Nord.

# saint-jacques au cœur d'artichaut

***Pour 4 personnes***

*12 noix de Saint-Jacques, 4 gros artichauts, 300 g de pousses de soja, 25 cl de Page 24 blanche, 1 verre de genièvre, 200 g de girolles, beurre, 1 bouquet de coriandre, 4 cuillerées à soupe de crème fraîche, sel et poivre aux baies rouges*

Ebarber et cuire les artichauts dans une marmite d'eau bouillante salée pendant 20 min.

Blanchir les pousses de soja à l'eau bouillante salée et les rafraîchir pour arrêter la cuisson.

Dans un faitout, faire revenir au beurre les girolles coupées en deux pendant 5 à 6 min. Ajouter les pousses de soja, assaisonner et continuer la cuisson pendant encore 5 min. Réserver au chaud.

Rajouter du beurre dans le faitout et y saisir les noix de Saint-Jacques 2 min de chaque côté. Réserver.

Verser le verre de genièvre dans le faitout et faire flamber, ajouter 25 cl de Page 24 blanche et laisser réduire d'au moins un tiers. Mettre la crème fraîche, assaisonner, réduire à petit feu, ajouter les Saint-Jacques, les pousses de soja, les girolles des pluches de coriandre et laisser infuser 2 à 3 min. Extraire le cœur des artichauts égouttés, parer et réserver quelques feuilles tendres pour la décoration.

Poser chaque cœur sur une assiette et les garnir d'abord de pousses de soja, puis déposer trois noix de Saint-Jacques, ajouter quelques girolles et napper le tout de sauce. Disposer en étoile quelques feuilles tendres autour du cœur d'artichaut.

**Recette de Patrick Vauthier pour la Brasserie Saint-Germain (62).**

# soupe de moules safranée

***Pour 4 personnes***

*2 l de moules de bouchot, 2 gros oignons, 1 gousse d'ail, 3 carottes, 3 poireaux, 2 branches de céleri, 50 g de beurre, 4 cuillerées à soupe de crème fraîche liquide, 20 cl de bière ambrée, 2 œufs, 1 bouquet de persil, pistils de safran, sel et poivre*

Gratter et laver les moules.

Eplucher l'ail, les oignons et laver le persil.

Détailler carottes, poireaux et céleri en julienne.

Dans une grande marmite, verser la bière ambrée, les garnitures aromatiques (oignons, ail, persil) et porter à ébullition.

Mettre les moules à cuire et laisser infuser quelques minutes en mélangeant bien.

Laisser refroidir, décortiquer les moules et passer le jus de cuisson au chinois. Réserver.

Dans une cocotte, faire revenir au beurre la julienne de légumes. Verser le jus de cuisson des moules, ajouter les pistils de safran et faire cuire une trentaine de minutes.

Mettre les moules dans la cocotte pour les réchauffer, ajouter la crème fraîche et deux jaunes d'œufs pour la liaison.

Servir bien chaud.

**Recette de Nicolas Toupet, restaurant « Le Bouchon » à Compiègne (60).**

# cabillaud à la Hommelbier

### *Pour 6 personnes*

*1 kg de cabillaud en filets, 1 navet, 3 carottes nouvelles, 1 poireau, 2 cuillerées à soupe de beurre fermier, 25 cl de bouillon de poisson, 25 cl de crème fraîche, 25 cl d'Hommelbier, 6 pommes de terre, 1 bouquet de persil haché, 1 bouquet de cerfeuil, sel et poivre*

Laver et préparer les carottes, le navet et le poireau et les tailler en julienne (petites lamelles). Placer tous les légumes dans un faitout avec du beurre et les faire mijoter jusqu'à transparence. Laver les pommes de terre, les éplucher et les faire cuire à l'eau ou à la vapeur.

Dans un plat à four beurré, disposer le cabillaud coupé en morceaux de parts égales, assaisonner, verser le bouillon de poisson et la moitié de la bière, assaisonner et mettre au four à 180 °C pendant une dizaine de minutes (il faut que le poisson soit cuit).

Remettre les légumes à chauffer, ajouter la crème fraîche et le jus de cuisson du cabillaud et laisser cuire jusqu'à épaississement de la sauce.

Verser le restant de bière et assaisonner de sel et de poivre.

Dresser les filets au centre d'une assiette très chaude, nappés de sauce, accompagnés de la julienne de légumes et parsemés de pluches de cerfeuil. Servir avec une pomme de terre saupoudrée de persil haché.

**Recette de Stefaan Couttenye, restaurant le 't Hommelhof, pour la brasserie Van Eecke à Watou (Belgique).**

*Née en Belgique, la Hommelbier est une bière blonde refermentée, forte en houblon et au goût légèrement amer.*

# Blanquette de saumon à la bière

***Pour 4 personnes***

*4 filets de saumon, parures (tête et arêtes), 3 poireaux, 1 bulbe de fenouil, 1 gros oignon, 4 carottes, 120 g de champignons de Paris, 1 bouquet garni, 33 cl de bière blanche, 1 œuf, 20 cl de crème fraîche, 1 citron, riz basmati, 1 bouquet de cerfeuil, sel et poivre*

Dans une cocotte en fonte, mettre l'oignon et le fenouil émincés, les parures de saumon et le bouquet garni. Couvrir de 33 cl de bière blanche et de 75 cl d'eau, saler, poivrer et faire cuire à petits bouillons pendant une vingtaine de minutes.

Passer le fumet au chinois, le reverser dans la cocotte et y faire cuire les poireaux et les carottes coupés en rondelles ainsi que les champignons de Paris pendant 10 min. Ajouter les filets de saumon coupés en gros dés et les cuire 5 min à feu doux.

Pendant ce temps, dans un saladier, mélanger le jaune d'œuf avec la crème fraîche et le jus du citron. Saler et poivrer.

Mettre à réserver au chaud, les dés de saumon et les légumes.

Cuire le riz basmati. Faire réduire le fumet de poisson des deux tiers et y incorporer l'appareil de crème fraîche, à feu doux, sans cesser de battre au fouet jusqu'à épaississement de la sauce.

Dresser sur assiette chaude en déposant les dés de saumon sur un lit de riz, napper de sauce et saupoudrer de pluches de cerfeuil ou de coriandre.

# cabillaud rôti, sabayon à la bière, crépinettes de chicons

**_Pour 4 personnes_**

*4 dos de cabillaud, crépine de porc, 4 chicons, 4 carottes, 1 branche de céleri, 1 gros oignon, 75 cl de Duc d'Havré (ambrée), 120 g de lardons, 1 bouquet garni, 4 tomates, cassonade blonde, vinaigre, huile d'olive, beurre, 4 œufs, cerfeuil, ciboulette, 12 feuilles de basilic, sel et poivre*

Découper les dos de cabillaud en tronçons épais et réguliers et réserver au frais.

Tremper la crépine dans de l'eau fraîche légèrement vinaigrée.

Laver et parer les chicons. Laver et détailler en très fine brunoise les carottes, le céleri et l'oignon. Blanchir et rafraîchir les lardons.

Dans un faitout, faire revenir la brunoise, les lardons et les chicons. Déglacer à la bière et faire étuver pendant 30 min.

Laver les tomates, les monder, les rafraîchir et enlever la peau. Les saupoudrer de cassonade blonde, ajouter un filet d'huile d'olive et les mettre à cuire à feu pendant 30 min.

Rincer la crépine, la découper en quatre rectangles, les étaler et y placer la brunoise égouttée. Poser un chicon par-dessus et l'enrouler de crépine. Faire colorer au beurre et réserver au chaud.

Dans un saladier, mettre les jaunes d'œufs au bain-marie et battre au fouet jusqu'à ce qu'ils blanchissent. Incorporer la bière, rectifier l'assaisonnement et réserver au chaud.

Dans un plat préalablement beurré, mettre les dos de cabillaud, saler, poivrer et mettre à four moyen pendant 15 min.

Dresser sur assiette chaude en posant le dos de cabillaud sur le sabayon, ajouter une crépinette de chicon et une tomate confite. Décorer de pluches de cerfeuil, de trois tiges de ciboulette et de quelques feuilles de basilic frites.

**Recette de Marcel De Baerdemacker, Prix Spécial du Jury pour le Concours Amateur de Cuisine à la Bière aux Gambrinales de Tourcoing, Fête de la Bière et des Produits du Terroir, les 1er, 2 et 3 octobre 2004.**

# carbonade de lotte queue de charrue

**Pour 4 personnes**

*1,2 kg de queue de lotte, 50 cl de Queue de charrue, 150 g de crevettes grises, 250 g de moules, 200 g de champignons de Paris, 1 bouquet garni, 1 verre de vin blanc, 1 oignon, 3 échalotes, 1 cuillerée à soupe de vergeoise brune, 1 tranche de pain d'épice, 2 cuillerées à soupe de farine, 2 cuillerées à soupe de crème fraîche, 100 g de beurre, 4 cuillerées à soupe d'huile, sel, poivre, 700 g de bintje, 1 botte de persil*

Disposer la lotte coupée en tronçons dans une grande cocotte et la faire colorer dans un mélange de beurre et d'huile.

Ajouter l'oignon et les deux échalotes préalablement hachés.

Ajouter ensuite les champignons de Paris coupés en morceaux et assaisonner.

Mélanger et lier la sauce avec deux cuillerées de farine.

Mouiller l'appareil avec 50 cl de bière et 50 cl d'eau.

Ajouter le bouquet garni, une cuillerée à soupe de vergeoise brune et une tranche de pain d'épice émiettée.

Réduire le gaz et laisser mijoter à tout petit feu une trentaine de minutes.

Dans une casserole, verser le vin blanc et faire cuire les moules 4 à 5 min. Décortiquer les moules.

Dans une poêle, faire sauter les pommes de terre coupées en rondelles avec une échalote hachée, dans un mélange de beurre et d'huile. Assaisonner.

Mettre les moules et les crevettes décortiquées dans la carbonade et laisser infuser.

Faire fondre deux cuillerées de crème fraîche et mélanger.

Servir la carbonade accompagnée des pommes de terre sautées et parsemer de persil haché.

*Bière artisanale de haute fermentation au goût sucré, cette blonde refermentée en bouteille titre 9° de volume d'alcool.*

# choucroute de poisson au passe-pierre

**Pour 6 personnes**

*6 morceaux de saumon, 6 morceaux de haddock fumé, 6 morceaux de lotte, 6 filets de sole, 6 langoustines, 50 g de crevettes décortiquées, 1,2 kg de choucroute précuite, 50 g de lardons, 1 bocal de passe-pierre, 50 g de saindoux, 1 carotte, 12 baies de genièvre, 1 verre de genièvre, 1 verre de bière (stout), 25 cl de beurre blanc, lait, 1 oignon, 2 clous de girofle, thym, laurier, sel, poivre*

Réchauffer à couvert la choucroute précuite avec le saindoux, les lardons, les crevettes, un demi-verre de bière et les baies de genièvre préalablement marinées dans un verre de genièvre.

Faire chauffer une marmite d'eau salée avec l'oignon piqué de deux clous de girofle, du thym et du laurier.

Dans ce court bouillon, pocher les morceaux de lotte, ajouter les langoustines et laisser cuire 5 bonnes minutes.

Saler et ajouter les filets de sole et le saumon dans le court-bouillon puis laisser cuire.

Dans une casserole de lait, pocher les morceaux de haddock sans en ôter la peau. Éponger et ajouter dans la marmite.

Dans une autre casserole d'eau bouillante, plonger le passe-pierre rincé et essoré, ajouter la carotte coupée en morceaux et laisser cuire 5 min.

Rajouter un demi-verre de bière à la choucroute, assaisonner et retirer du feu la marmite de poissons.

Faire chauffer doucement le beurre blanc (voir page 61).

Dresser la choucroute sur une assiette chaude, poser dessus les poissons et le passe-pierre et recouvrir du beurre blanc.

*Le passe-pierre, c'est la salicorne qui se ramasse en baie de Somme et dont l'extrémité charnue se consomme comme les haricots verts ou se conserve dans une saumure, comme les cornichons.*

*Les stouts sont des bières de haute fermentation à la robe très sombre et au goût de grillé.*

# Darnes de congre à la bière blanche

**Pour 4 personnes**

*4 darnes de congre (4 x 250 g), 75 cl de bière blanche, 4 poireaux, 6 cuillerées à soupe de crème fraîche, 80 g de beurre, 8 baies de genièvre, 4 feuilles de sauge, 1 bouquet garni, 1 noix de muscade, 150 g de girolles, tagliatelles, fécule de maïs, huile d'olive, fleur de sel, poivre aux baies rouges*

Préchauffer le four à 180 °C (th. 6).

Nettoyer les poireaux, couper les blancs en tronçons et les faire suer à couvert dans 50 g de beurre bien chaud. Disposer la fondue de poireaux dans le fond d'un plat à gratin et y placer les darnes de congre.

Ajouter le bouquet garni, la sauge et assaisonner de poivre aux baies rouges, de fleur de sel et de muscade râpée. Arroser de bière blanche et parsemer du reste de beurre en petits morceaux. Couvrir d'une feuille de papier d'aluminium et mettre au four à mi-hauteur pendant une vingtaine de minutes (les darnes doivent rester fermes).

Sortir le plat du four et le réserver au chaud. Verser le jus de cuisson dans une casserole à travers un chinois, porter à ébullition et faire réduire de moitié à feu vif.

Incorporer doucement la crème fraîche ainsi que la fécule de maïs préalablement détendue dans de l'eau, assaisonner et laisser infuser 1 à 2 min en remuant sans cesse avec une spatule.

Couper les girolles en deux, les faire revenir à l'huile bien chaude et les égoutter.

Dans une casserole d'eau bouillante, avec un peu d'huile et légèrement salée, faire cuire les tagliatelles et les égoutter.

Dans une assiette bien chaude, déposer les darnes de congre sur un lit de fondue de poireaux, placer les tagliatelles, napper de sauce et parsemer de thym émietté.

*Il faut demander à son poissonnier le haut du congre qui est plus ferme et moins fourni en arêtes.*

# Dos de cabillaud en chicorée, gaufres d'endives

**Pour 4 personnes**

*4 dos de cabillaud, 1 échalote, 50 cl de Page 24 à la chicorée,*
*10 cl de fumet de poisson, 80 g de beurre,*
*1 cuillerée à soupe de fécule de maïs*

*Pour la décoration*
*Œufs de lump rouges, 1 botte de cerfeuil, chicorée liquide*

*Pour les gaufres*
*2 endives, 2 cuillerées à soupe de farine, 2 œufs, 50 g de beurre,*
*sel et poivre*

Dans une sauteuse, faire chauffer 25 cl de bière à la chicorée et l'échalote hachée.

Assaisonner les filets de cabillaud, les mettre dans la sauteuse et laisser mijoter à feu doux, à couvert. Les filets doivent rester très fermes.

Réserver les filets au chaud, écumer le jus de cuisson, ajouter le fumet de poisson et faire réduire de moitié.

Ajouter une cuillerée à café de chicorée liquide et lier à la fécule de maïs. Monter la sauce au beurre et assaisonner.

*Faire les gaufres*

Emincer les endives et les faire fondre 5 min à feu doux. Assaisonner.

Dans un saladier, mélanger la fondue d'endives avec la farine, les œufs et les 25 cl de bière restante jusqu'à obtenir une pâte bien fluide.

Verser l'appareil dans un gaufrier beurré et cuire les gaufres 3 à 4 min.

Dans une assiette chaude, dresser une gaufre et poser un dos de cabillaud par-dessus. Entourer d'un peu de sauce au beurre.

Décorer avec une cuillerée à café d'œufs de lump rouges, quelques pluches de cerfeuil et poser quelques gouttes de chicorée liquide sur la sauce.

**Recette de Patrice Demarcq, L'Auberge Fontenoise à Fontaine-Notre-Dame (59), lauréat du Concours des Tables Gourmandes, pour la Brasserie Saint-Germain (62).**

# Filets de cabillaud à l'Angélus

**Pour 4 personnes**

*700 g de filets de cabillaud, 50 cl d'Angélus, 1 citron, 3 échalotes, 100 g de beurre, 2 œufs, 2 cuillerées à soupe de crème fraîche, 500 g de poireaux, 1 kg de pommes de terre, 25 cl de lait, 1 noix de muscade, huile d'olive, sel, poivre*

Cuire les pommes de terre à l'eau, les éplucher et les déposer dans un saladier. Ajouter le lait, le beurre, la muscade râpée, le sel et écraser le tout en purée.

Émincer les blancs de poireaux en julienne et les plonger 10 min dans une casserole d'eau bouillante et salée. Égoutter et incorporer les poireaux à la purée de pommes de terre. Réserver.

Dans une casserole, faire chauffer à petit feu 50 cl d'Angélus.

Ajouter trois échalotes hachées et laisser réduire d'un tiers (environ 10 min).

Sur le gaz, faire chauffer l'huile d'olive dans un plat allant au four. Saler et poivrer les filets de cabillaud, les disposer dans le plat, côté peau vers le haut, et mettre au four pendant 7 à 8 min.

Verser la sauce (bière/échalotes) dans une casserole en la passant au chinois. Dans un bol, préparer la liaison : mélanger un demi-jus de citron, deux cuillerées de crème fraîche et deux jaunes d'œufs.

Dans la casserole de sauce, mettre du beurre, assaisonner et mélanger à feu doux avec un fouet. Ajouter la liaison et mélanger : la sauce est terminée.

Sortir du four les filets de cabillaud, les dresser sur une assiette chaude avec la purée de poireaux et entourer de sauce.

*Bière de garde blonde (7°), cette bière de froment très fruitée offre de légers parfums de miel et de pêche. Sa richesse aromatique et son acidité accompagnent fort bien les poissons.*

# Filets de daurade en waterzoï

### *Pour 4 personnes*

*4 filets de daurade, 2 grosses carottes, 2 poireaux, 1/2 boule de céleri, 4 pommes de terre, 2 échalotes, 50 cl de bière blanche, 50 cl d'eau, 80 g de beurre, fumet de poisson, 4 œufs, 2 cuillerées à soupe de crème fraîche, 1 citron, sel et poivre, cerfeuil*

Faire une julienne avec le céleri, les carottes et les poireaux. Hacher les échalotes.

Éplucher les pommes de terre et les faire cuire dans de l'eau salée.

Beurrer un plat allant au four, y disposer les échalotes hachées et les filets de daurade. Saler, poivrer, ajouter la bière blanche, l'eau, couvrir et mettre au four à 220 °C pendant 10 min. Sortir le plat et le laisser tiédir.

Dans une grande casserole, faire revenir la julienne dans le beurre fondu, saler, couvrir et laisser mijoter quelques minutes, en remuant de temps en temps. Ajouter une louche de fumet de poisson et laisser cuire 15 min.

Remettre le poisson au four pour 10 nouvelles minutes.

Pendant ce temps, faire la liaison : dans un saladier, mélanger au fouet le jaune de quatre œufs, deux cuillerées de crème fraîche et le jus d'un demi-citron. Prélever une louche du jus de poisson sorti du four, verser sur la julienne, ajouter la liaison, mélanger doucement et rectifier l'assaisonnement si nécessaire. Laisser infuser 1 à 2 min.

Dresser sur assiettes chaudes en commençant par la julienne de légumes et sa sauce, puis déposer le filet de daurade accompagné d'une pomme à l'eau et décoré d'une branche de cerfeuil.

# Filets de sandre secret des Moines

***Pour 4 personnes***

*1 filet de sandre de 800 g, 4 pommes reinettes, 150 g de beurre, 2 cuillerées à soupe de sucre semoule, 50 g de farine, 2 échalotes grises, vinaigre de cidre, 50 cl de Secret des Moines, 3 œufs, 1 citron, sel et poivre, 3 cuillerées à soupe de crème fraîche, sauceline Maïzena, 2 verres de calvados, 4 kg d'épinards*

Blanchir les épinards après les avoir équeutés et ôté les grosses nervures, et les cuire 3 min dans de l'eau bouillante salée.

Couper les pommes en gros quartiers, les saupoudrer de sucre semoule et les cuire à petit feu dans du beurre chaud.

Fariner le filet de sandre coupé en quatre et, dans un plat allant au four, le saisir dans du beurre chaud, d'abord côté peau. Retourner le filet, assaisonner et ajouter les échalotes hachées.

Déglacer d'une larme de vinaigre de cidre, mouiller le filet d'un demi-litre de bière blonde, couvrir et laisser mijoter une quinzaine de minutes.

Préparer une liaison en mélangeant trois jaunes d'œufs, trois cuillerées de crème fraîche et le jus d'un demi-citron. Faire chauffer doucement jusqu'au premier bouillon. Réchauffer les épinards dans du beurre.

Retirer le plat du four, ajouter un peu de sauceline Maïzena (ou deux cuillerées de crème fraîche) au jus de cuisson pour l'épaissir et verser la liaison en mélangeant doucement.

Flamber les pommes au calvados et verser l'excédent dans la sauce du poisson. Dresser les assiettes avec une portion de filet de sandre, une cuillerée d'épinards, quelques quartiers de pommes et napper de sauce.

*Elaborée à partir de plusieurs malts et épices (dont la coriandre), cette bière blonde de fermentation haute, bien ronde, titre 6°6.*

# Lotte dunkerquoise

**Pour 6 personnes**

*800 g de lotte, 25 cl de bière blonde, 30 g de beurre, 3 cuillerées à soupe de crème double, 3 cuillerées à soupe de concentré de tomates, 3 échalotes, 1 bouquet garni, 6 tranches de pain à l'épeautre, sel et poivre aux baies rouges*

Trancher, ou faire trancher par le poissonnier, six belles escalopes dans un morceau de lotte dépecée.

Dans une sauteuse, faire blondir au beurre les échalotes finement ciselées.

Déposer les escalopes de poisson sur le lit d'échalotes, verser la bière, ajouter le bouquet garni, assaisonner et laisser mijoter à feu doux une quinzaine de minutes.

Égoutter les escalopes et réserver au chaud. Ôter le bouquet garni, faire réduire le jus de cuisson puis lier avec la crème double et le concentré de tomates. Laisser infuser quelques minutes.

Disposer les escalopes de lotte sur une tranche de pain à l'épeautre grillée et napper de la sauce à la bière.

# Filets de soles à la Kriek Bécasse

**_Pour 4 personnes_**

*3 belles soles à filets, 50 cl de Kriek (bière à la cerise), 2 échalotes grises, 3 cuillerées à soupe de crème fraîche, 20 cerises à l'eau-de-vie, persil ou ciboulette, 1 citron, 3 œufs, vinaigre de framboise, 40 g de farine, 40 g de beurre, sel, poivre*

*Pour le fumet :*
*1 oignon, 1 carotte, thym, laurier, 50 cl de vin blanc, arêtes de soles*

Lever les filets des soles et, avec les arêtes et tous les ingrédients, préparer le fumet de poisson dans 50 cl d'eau salée.

Beurrer un plat allant au four et recouvrir le fond avec les échalotes émincées. Sur les échalotes, poser les filets pliés en deux, côté peau vers l'intérieur. Saler, poivrer, verser la Kriek et trois à quatre louches du fumet de poisson tamisé au chinois.

Mettre le plat à four chaud et compter 7 à 8 min de cuisson au premier bouillon.

Dans une casserole, préparer un roux avec 40 g de beurre et 40 g de farine.

Dans une seconde casserole, détendre trois jaunes d'œufs avec un filet de vinaigre de framboise. Mettre la casserole au bain-marie et battre ce mélange jusqu'à ce qu'il devienne mousseux.

Sortir le plat du four. Passer au chinois environ 75 cl du jus de cuisson sur le roux froid, sans cesser de fouetter. Rectifier l'assaisonnement si nécessaire. Sur le feu, verser la sauce sur les jaunes d'œufs et mélanger.

Ajouter quelques gouttes de citron et trois cuillerées de crème fraîche, battre et laisser quelques minutes à feu doux.

Ajouter les cerises à l'eau-de-vie et incorporer doucement pour ne pas abîmer les fruits.

Essorer les filets de soles sur un torchon propre et les servir dans une assiette chaude, recouverts de sauce, accompagnés de purée ou de pommes duchesse, parsemés de persil ou de ciboulette hachés.

*La Kriek Bécasse est une bière rouge à la cerise ou à la framboise. Le lambic entrant dans son élaboration est issu d'une fermentation spontanée unique au monde. Réalisé sans ajout d'aucune levure mais grâce aux micro-organismes spécifiques à la vallée de la Senne, il est préparé pour 70 % de malt et 30 % de froment et de houblon suranné.*

# pavés de saumon à la vapeur de bière

**Pour 4 personnes**

*4 pavés de saumon, 75 cl d'ambrée Moulins d'Ascq, 8 endives de pleine terre, 2 pomélos, 1 grosse échalote, 16 rattes du Touquet, beurre, 3 cuillerées à soupe de cassonade blonde, sel et poivre aux baies roses*

De la pointe d'un couteau, enlever le cœur des endives et les couper en deux. Éplucher et émincer finement l'échalote. Laver et éplucher les pommes de terre. Presser un pomélo, réserver le jus et détailler l'autre en suprêmes (les quartiers sont coupés sans la peau).

Cuire les endives à l'eau bouillante, légèrement salée, sans aller au bout de la cuisson pour qu'elles ne se démêlent pas.

Cuire les rattes du Touquet à l'eau ou à la vapeur. Réserver. Dans un peu de beurre bien chaud, faire fondre l'échalote sans la colorer.

Dans un cuit-vapeur, verser 60 cl de bière et porter à ébullition. Placer les pavés de saumon dans le compartiment supérieur, déposer un peu d'échalote sur chacun d'eux, couvrir et laisser cuire à la vapeur pendant 6 à 8 min (selon grosseur).

Pendant ce temps, dans une sauteuse, faire caraméliser les endives essorées dans du beurre et trois cuillerées de cassonade. Réserver au chaud.

Dans la même sauteuse, faire revenir les suprêmes de pomélo.

Déglacer avec le reste de bière, le jus d'un pomélo et faire réduire d'un tiers. Ajouter une noix de beurre pour lier.

Dresser chaque pavé de saumon sur une assiette chaude, assaisonner et disposer autour quatre demi-endives, quatre pommes de terre et napper de sauce.

**Recette de Patrick Vauthier pour la brasserie artisanale des Moulins d'Ascq – Villeneuve-d'Ascq (59)**

*Cette bière ambrée, non pasteurisée, brassée à partir de purs malts d'orge, continue de fermenter en bouteille pendant 3 semaines, à température constante. Tous les ingrédients sont issus, à 100 %, de l'agriculture biologique.*

# Turbotins pochés à la ch'ti ambrée

***Pour 4 personnes***

*4 filets de turbotins (150 g par personne), 2 carottes, 2 poireaux, 4 navets nouveaux, 1/2 bulbe de fenouil, 2 oignons violets, 1 l de Ch'ti ambrée, 4 cuillerées à soupe de vinaigre de Xérès, 40 g d'échalotes, 1 citron, 2 feuilles de laurier, 1 cuillerée à soupe de crème fraîche, 150 g de beurre, 1 bouquet de cerfeuil, sel de Guérande, poivre en grains*

Laver, éplucher et couper les carottes, les poireaux, les navets et le fenouil en julienne.

Dans une cocotte, faire suer les légumes quelques minutes avec 25 g de beurre puis verser 1 l de bière ambrée et laisser cuire à petits bouillons une vingtaine de minutes.

*Préparer un beurre blanc :*

Dans une sauteuse, faire bouillir les échalotes émincées dans quatre cuillerées de vinaigre de Xérès jusqu'à réduction. Ajouter une cuillerée de crème fraîche et faire réduire à nouveau.

Incorporer petit à petit 125 g de beurre en morceaux et monter la sauce comme une mayonnaise à chaud.

Vérifier l'assaisonnement et réserver au chaud.

Dans un faitout, verser trois ou quatre louches du bouillon de cuisson des légumes, y déposer les filets de turbotins, ajouter 50 cl d'eau, le citron pelé et coupé en rondelles, deux feuilles de laurier, du sel de Guérande et du poivre en grains.

Porter à ébullition et laisser frémir 5 à 6 min.

Dresser chaque filet égoutté au milieu d'une assiette chaude, accompagné de la julienne de légumes et nappé de sauce au beurre blanc parsemée de quelques pluches de cerfeuil.

*Sa jolie couleur rouge cuivré rappelle celle des cuves où elle est née. Cette bière de garde est l'une des rares obtenues par infusion, titre 5°9 et offre une délicieuse touche de caramel.*

# Blancs de pintade de Licques aux morilles

### *Pour 4 personnes*

*4 blancs de pintade de Licques, 200 g de morilles fraîches, beurre, huile, 3 échalotes, 33 cl de bière blonde, 3 cuillerées à soupe de crème fraîche, 1 œuf, lait, pommes de terre, ciboulette, sel et poivre*

Faire tremper les morilles dans du lait pendant 2 h. Si les morilles sont déshydratées, réserver le lait pour le rajouter à la sauce.

Égoutter les morilles et hacher les échalotes.

Dans un faitout, faire frémir un mélange d'huile et de beurre et y déposer les blancs de pintade. Laisser cuire 15 min en les retournant de temps en temps et réserver sur un plat de service.

Dans le même faitout, mettre les morilles et deux échalotes hachées.

Mouiller avec 33 cl de bière, saler, poivrer et laisser mijoter une dizaine de minutes.

Pendant ce temps, dans une poêle, faire sauter les pommes de terre taillées en cubes dans un mélange très chaud de beurre et d'huile. Ajouter la troisième échalote hachée quand elles commencent à colorer.

Faire fondre deux ou trois cuillerées de crème fraîche avec les échalotes et les morilles. Ajouter les blancs de pintade et laisser infuser à feu doux une dizaine de minutes.

Rectifier l'assaisonnement si nécessaire.

Hors du feu, ajouter un jaune d'œuf à la sauce de morilles pour la lier.

Servir aussitôt les blancs recouverts de sauce et parsemés de ciboulette hachée. On peut les accompagner de spaghetti ou de tagliatelles « al dente ».

*Licques, petite commune de l'arrondissement de Calais, est très connue pour la qualité de ses volailles et surtout pour sa confrérie de la dinde.*

# Carrés de dinde de Licques à la Duc d'Havré

**Pour 4 personnes**

*4 filets de dinde de Licques, 75 cl de Duc d'Havré (ambrée), 1 cube de bouillon aux herbes, 1 poivron jaune, 1 aubergine, 400 g de tomates concassées, huile d'olive, beurre, baies de genièvre, thym, laurier, sel, poivre aux baies rouges*

Couper les filets de dinde en petits carrés et les mettre à mariner pendant 1 h dans la bière avec une feuille de laurier deux branches de thym et douze baies de genièvre.

Mettre le poivron au four (th. 5) et laisser la peau se noircir.

Couper l'aubergine en petits dés sans enlever la peau.

Eponger les filets de dinde sur un papier absorbant et les faire dorer à feu vif dans un mélange de beurre et d'huile bien chaud. Réserver.

Sortir le poivron du four, le peler, l'épépiner et le couper en petits tronçons. Dans la même sauteuse, reverser un peu d'huile et y faire revenir les dés d'aubergine et les tronçons de poivron jaune. Quand ils ont pris une belle coloration, verser 20 à 30 cl de la marinade, ajouter les tomates concassées et le cube de bouillon aux herbes. Laisser réduire à feu vif.

Quand la sauce a réduit d'un tiers, mettre les carrés de dinde, saler légèrement (le cube est déjà salé), poivrer et laisser infuser 3 à 5 min.

Servir avec des macaronis ou des penne rigate al dente.

*Parrainée par Jenny Clève, comédienne, et Philippe Olivier, grand affineur de fromages, cette bière ambrée qui titre 6°2 est née le 1er octobre 2004 lors des Gambrinales de Tourcoing. Elle ne saurait être bue qu'en portant le toast : « Aux Ducs ».*

# chapon farci, poires à la stout

**Pour 6 personnes**

*1 chapon de 3,5 kg, 100 g de foies de volailles, 300 g de farce fine, 100 g de jambon fumé, 1 bulbe de fenouil, 6 poires conférences, 1 l de stout, 2 branches de thym, 1 bouquet de persil, 1 gros oignon, 2 œufs, 2 tranches de pain de mie, 10 cl de lait, 150 g de pistache, 2 cuillerées à soupe de poivre vert, 2 cuillerées à soupe de miel, 100 g de beurre, 1 bâton de cannelle, 1 noix de muscade, 2 ou 3 clous de girofle, sel et poivre*

Préchauffer le four à 240 °C (th. 8).

Saler et poivrer généreusement l'intérieur du chapon. Faire tremper les tartines de pain de mie dans du lait.

Hacher grossièrement les foies de volailles et le jambon fumé. Emincer l'oignon et la moitié du bulbe de fenouil. Concasser 50 g de pistaches et émincer le quart du bouquet de persil.

Peler deux poires et les couper en fine brunoise. Dans un saladier, mélanger cette brunoise à l'ensemble des ingrédients précédents et à la farce fine. Incorporer le pain de mie essoré, les œufs battus, une cuillerée de poivre vert et le thym.

Farcir le chapon de cet appareil et coudre l'ouverture avec du fil de cuisine. Le mettre sur la lèchefrite, le badigeonner de 50 g de beurre ramolli et le mettre au four (th. 8) pendant 15 min. Baisser alors la température à 170 °C (th. 5/6) et laisser cuire pendant 2 h en arrosant souvent.

Pendant ce temps, éplucher les six poires, les couper en deux et ôter le cœur et les pépins.

Verser 1 l de stout dans une casserole avec deux cuillerées de miel, une cuillerée de poivre vert, le bâton de cannelle, de la muscade râpée et deux ou trois clous de girofle. Ajouter les poires coupées en deux et laisser frémir une vingtaine de minutes.

Sortir le chapon et le réserver au chaud dans un papier d'aluminium. Dégraisser et filtrer le jus de cuisson, ajouter un grand verre du jus des poires et faire réduire de moitié. Incorporer 50 g de beurre au fouet et rectifier l'assaisonnement.

Dresser sur assiette chaude un morceau du chapon découpé et une tranche de la farce, accompagner de deux moitiés de poire garnies de pistaches grossièrement moulues et décorer d'une cuillerée de sauce.

**Recette de Patrick Vauthier.**

# coq des coqueleux

***Pour 8 personnes***

*1 coq de 2 à 3 kg, 150 g de lardons, 30 g de saindoux, 70 g de farine, 250 g de pain d'épice, 1 bouquet garni, 1 gousse d'ail, 5 cl de genièvre, 1,5 l de bière de garde, 300 g de petits oignons, 250 g de champignons de Paris, 2 cuillerées à soupe de crème fraîche, 20 g de sucre semoule, 5 cl d'eau, beurre, sel, poivre, 1 botte de persil*

Détailler le coq en morceaux et, dans une cocotte, les faire revenir dans le saindoux jusqu'à coloration. Ajouter la moitié des lardons, la gousse d'ail écrasée et saupoudrer le tout de farine. Laisser cuire 5 min pour ôter l'acidité de la farine.

Arroser le coq de genièvre et faire flamber.

Ajouter 1,5 l de bière de garde, le bouquet garni, le sel, le poivre et 250 g de pain d'épice émietté.

Cuire au four à 200 °C pendant 3 ou 4 h, selon grosseur.

*Préparer à brun les petits oignons :*

Dans une casserole, recouvrir d'eau les petits oignons, à niveau. Rajouter une noisette de beurre et 20 g de sucre semoule. Quand l'eau est évaporée, faire caraméliser sans cesser de faire tourner les petits oignons dans la casserole.

Dans une poêle, faire revenir le reste des lardons et les champignons de Paris coupés en lamelles.

En fin de cuisson du coq, rajouter les petits oignons caramélisés, les lardons et les champignons. Mélanger à 10 cl de crème fraîche et laisser infuser à chaud 1 ou 2 min.

Servir dans un plat creux, avec la sauce, le coq saupoudré de persil haché accompagné de pommes vapeur ou de pommes sautées.

*La tradition flamande des combats de coqs laisse entendre que le coqueleux, propriétaire du coq abattu, régalait l'assemblée de son champion.*

# civet de lapin à la goudale

**Pour 4 personnes**

*4 morceaux de lapin, 75 cl de Goudale, 1 grosse carotte, 2 oignons, 1 poireau, 2 cuillerées de miel, huile d'olive, 1 cube de bouillon de bœuf, 1 bouquet garni, sel et poivre*

Laver, éplucher et couper grossièrement les légumes en morceaux. Préparer 50 cl de bouillon de bœuf.

Dans un faitout, faire dorer les morceaux de lapin à l'huile d'olive très chaude. Ajouter tous les légumes, deux cuillerées de miel et faire légèrement caraméliser.

Déglacer le faitout avec la bière en grattant le fond pour sortir tous les sucs. Ajouter le bouillon de bœuf, le bouquet garni, assaisonner et laisser mijoter le tout, à couvert, au four à 180 °C.

Servir avec une purée de pommes de terre.

*Cette jolie blonde dorée, dense et goûteuse, est issue d'une recette datant du Moyen Age. C'est une bière de garde de haute fermentation brassée à partir de malts spéciaux et aromatisée aux houblons des Flandres. Elle titre 7°2.*

# coquelets fromulus

**_Pour 4 personnes_**

*2 coquelets de 600/800 g, beurre, huile d'arachide, 3 cuillerées à soupe de farine, 1 carotte, 1 oignon, 1 l de Fromulus, 1 bouquet garni, 100 g de lardons, 20 oignons grelots, 200 g de champignons de Paris, 2 cuillerées à soupe de crème fraîche, 600 g de rosevals, 1 échalote grise, 1 botte de persil, mâche, sel, poivre*

Dans une casserole, faire cuire les pommes de terre à la pelure.

Couper les coquelets en deux et les faire revenir dans une cocotte, d'abord côté peau, dans un mélange de beurre et d'huile chaud. Saler et poivrer.

Ajouter la carotte et l'oignon coupés en brunoise et laisser colorer 3 à 4 min.

Mettre le bouquet garni, trois cuillerées de farine, verser le litre de bière et laisser mijoter 30 min à couvert.

Dans une poêle, faire revenir quelques minutes les lardons, les oignons et les champignons en morceaux.

Au bout d'une vingtaine de minutes de cuisson des coquelets, verser les lardons, les oignons et les champignons dans la cocotte et ajouter deux cuillerées de crème fraîche. Laisser infuser et réserver au chaud. Couper les pommes de terre en morceaux (si elles sont trop grosses) et les faire sauter dans du beurre chaud.

Saler et ajouter une échalote ainsi que du persil haché.

*La Fromulus est une bière blonde au goût malté avec une petite touche d'amertume.*

# Escalopes de dinde à la bière d'abbaye

***Pour 4 personnes***

*4 escalopes de dinde fermière, 2 gros oignons, 4 cuillerées à soupe de fond de volaille en poudre, 33 cl de Grimbergen, 40 g de beurre, 1 cuillerée à soupe d'huile d'olive, 2 cuillerées à café de fécule de maïs, 4 cuillerées à soupe de crème fraîche, 1 cuillerée à soupe de cassonade brune, 1 cuillerée à soupe de paprika, sel et poivre aux baies roses*

Éplucher et ciseler les oignons.

Dans une sauteuse, avec un mélange de beurre et d'huile d'olive très chaud, faire colorer les escalopes des deux côtés et réserver.

Mettre les oignons dans la sauteuse et les faire blondir sans les brûler.

Pendant ce temps, dans une casserole d'eau bouillante, préparer le fond de volaille.

Remettre les escalopes dans la sauteuse avec les oignons, verser 33 cl de bière d'abbaye, ajouter le fond de volaille et laisser mijoter à feu doux, à couvert, pendant 5 à 7 min.

Retirer les escalopes de la sauteuse, faire réduire le jus de cuisson de moitié et y verser une cuillerée à soupe de cassonade et quatre cuillerées de crème fraîche. Bien remuer et laisser infuser quelques minutes.

Pour épaissir la sauce, ajouter une ou deux petites cuillerées de fécule de maïs selon la consistance (il faut qu'elle reste très onctueuse). Vérifier l'assaisonnement (le fond de volaille est naturellement salé), et poivrer au moulin.

Dresser les escalopes sur assiette chaude avec un accompagnement de tagliatelles, napper de la sauce et parsemer de paprika.

*La Grimbergen est une bière d'abbaye blonde et fruitée, héritière du savoir-faire des moines prémontrés.*

# coquelets à la bière blanche de watou

**Pour 4 personnes**

*2 coquelets fermiers, 50 cl de bière blanche de Watou, 25 cl de bouillon de poule, 10 cl de crème fraîche, 1 poireau entier, 1 citron, poivre en grains roses, beurre, 1 bouquet de persil, sel et poivre*

Couper les coqs en deux et les colorer de tous les côtés dans une cocotte de beurre bien chaud.

Arroser les coqs avec la bière et 25 cl de bouillon de poule (en poudre ou en cube), laisser mijoter une dizaine de minutes.

Mettre la cocotte au four à 200 °C et laisser épaissir le jus de cuisson.

Ajouter le poireau finement émincé, la crème fraîche et le jus d'un demi-citron et laisser cuire encore une dizaine de minutes.

Dresser chaque moitié des coquelets dans une assiette très chaude, nappée de sauce, saupoudrée de poivre en grains roses et de persil haché.

Accompagner d'une rondelle de citron et d'une portion de frites.

**Recette de Stefaan Couttenye, restaurant le 't Hommelhof, pour la brasserie Van Eecke - Watou (Belgique).**

*Une levure spéciale donne à cette blanche un goût légèrement sur et fruité.*

# cuisses de lapereaux à la cervoise

***Pour 4 personnes***

*4 cuisses de lapin, 1 l de bière blonde, 1 oignon, 4 échalotes, 2 gousses d'ail, 2 carottes, 1 bouquet garni, 2 clous de girofle, 2 cuillerées à soupe de farine, 200 g de lardons, 80 g de beurre d'Échiré, 2 cuillerées à soupe de crème fraîche, persil, ciboulette, sel, poivre mignonnette, chou-fleur, pommes de terre*

*La veille, préparer une marinade :*

Détailler grossièrement les carottes, l'oignon et les échalotes.

Dans un saladier, mettre les cuisses de lapin, les échalotes, l'oignon, les carottes, le bouquet garni, deux clous de girofle, l'ail écrasé, les lardons, saler, poivrer et arroser le tout d'un litre de bière blonde.

Placer le saladier dans un endroit frais et laisser reposer toute la nuit.

*Le jour même :*

Égoutter la marinade et réserver le jus.

Dans une sauteuse, faire revenir les cuisses de lapin au beurre noisette, 3 à 4 min de chaque côté, elles doivent être bien colorées. Assaisonner.

Ajouter tous les ingrédients de la marinade, à l'exception du bouquet garni et des clous de girofle, et mélanger pour que le beurre enrobe complètement les légumes. Adjoindre deux cuillerées de farine et laisser cuire 2 à 3 min.

Verser la marinade (en garder un peu pour allonger le jus en fin de cuisson) et laisser mijoter 45 à 50 min.

En fin de cuisson, rectifier l'assaisonnement, allonger le jus s'il est besoin, ajouter la crème fraîche, le persil et la ciboulette hachés.

Laisser infuser et servir les cuisses de lapin accompagnées de bouquets de chou-fleur et de pommes de terre sautées.

# Gibelotte des Hauts de France

**Pour 4 personnes**

*1 lapin des Hauts de France en morceaux, 200 g de lard fumé, 36 oignons grelots, 2 carottes, 1 bulbe de fenouil, 6 gousses d'ail en chemise, 250 g de champignons de Paris, 4 branches de persil plat, 1 branche de thym, 1 branche de romarin, 2 feuilles de laurier, 20 g de beurre, 2 cuillerées à soupe d'huile d'olive, 33 cl de bière de garde, 1 cuillerée à soupe de farine, 1 cuillerée à soupe de cassonade brune, 1 verre de genièvre de Houlle, macaronis, sel et poivre*

Nettoyer les légumes, peler les oignons grelots, couper la carotte en brunoise, émincer la moitié du bulbe de fenouil et détailler une tête d'ail en gardant les gousses en chemise.

Dans une grande cocotte, faire chauffer un mélange de beurre et d'huile d'olive pour y colorer les morceaux de lapin et les lardons. Réserver.

Mettre les oignons grelots dans la cocotte, les faire blondir et ajouter la carotte en brunoise. Saupoudrer de cassonade, mélanger et remettre les lardons et les morceaux de lapin. Réchauffer et faire flamber avec un verre à liqueur de genièvre de Houlle.

Mettre la farine et faire singer. Verser 33 cl de bière de garde, assaisonner et ajouter les herbes et les gousses d'ail en chemise.

Porter à ébullition puis couvrir et laisser mijoter à feu doux pendant 1 h.

Nettoyer et couper les champignons de Paris en quartiers. Les ajouter dans la cocotte à mi-cuisson.

En fin de cuisson, préparer les macaronis.

Dresser le lapin sur un lit de macaronis, accompagner de la garniture de cuisson, napper de sauce et parsemer de pluches de persil plat.

# Lapin à la bière de Noël

### *Pour 6 personnes*

*1 lapin d'environ 1,3 kg, 1 l de bière de Noël du Ch'ti, 50 g de saindoux, 120 g de lardons fumés, 1 oignon, 2 échalotes, 2 gousses d'ail, 2 cuillerées à soupe de farine, 1 cuillerée à soupe de moutarde, 1 cuillerée à soupe de gelée de groseille, 100 g de pain d'épice, 50 cl d'eau, thym, laurier, 2 clous de girofle, sel, poivre, persil, cerfeuil*

Couper le lapin en morceaux et réserver le foie et les rognons.

Dans une cocotte, faire colorer les morceaux de lapin dans le saindoux.

Ajouter les lardons, l'oignon émincé, les échalotes hachées et faire revenir.

Ajouter le foie, les rognons et saupoudrer de farine pour lier le tout.

Ajouter l'ail haché, verser le litre de bière, saler, poivrer et laisser frissonner.

Ajouter la gelée de groseille et la moutarde. Mélanger.

Mettre une branche de thym, une feuille de laurier, deux clous de girofle, verser 50 cl d'eau et faire bouillir. Couvrir et laisser mijoter 1 h.

Émietter le pain d'épice dans la cocotte, mélanger, recouvrir et laisser mijoter 15 min. Rectifier l'assaisonnement si nécessaire.

Dresser sur assiette chaude, en parsemant de cerfeuil et de persil hachés, en accompagnant de pommes vapeur ou de pommes noisettes.

*La bière de Noël est une bière ambrée au goût de caramel, fabriquée avec les matières premières de l'année..*

# Marinade de lièvre à l'ancienne

**Pour 4 personnes**

*Pour la marinade :*
*1,5 l de Saint-Médard, 15 cl de genièvre, 1 oignon, 2 carottes, 1 bouquet garni, 2 cuillerées à soupe d'huile d'olive, sel et poivre*

*Pour le plat :*
*1 lièvre coupé en huit, 250 g de poitrine fumée, 2 oignons, 500 g de champignons, 3 cuillerées à soupe de farine, 10 cl d'huile d'olive, 5 cl de genièvre, baies de genièvre, sel et poivre*

*Préparer la marinade :*

Dans un grand récipient, mettre les huit morceaux de lièvre, l'oignon et les carottes découpés en fines rondelles et le bouquet garni.

Saler, poivrer, arroser d'huile d'olive et de genièvre et couvrir avec 1,5 l de bière de Saint-Médard. Laisser mariner au frais toute une nuit.

*Préparer le lièvre :*

Égoutter les morceaux de lièvre et passer la marinade au chinois pour ne conserver que le liquide.

Dans une cocotte, à feu vif, chauffer l'huile d'olive et faire dorer la poitrine fumée coupée en petits lardons. Réserver. Faire de même avec les oignons émincés.

Faire dorer les morceaux de lièvre, verser le genièvre et flamber. Ajouter la farine en la mélangeant bien, ajouter les oignons, quelques baies de genièvre, assaisonner et verser la marinade par-dessus. Laisser mijoter environ 45 min à feu doux.

Dans une casserole, faire cuire les champignons de Paris dans un peu d'eau. En fin de cuisson (ils doivent rester fermes), ajouter la poitrine fumée et laisser infuser 15 min. Égoutter et réserver au chaud.

À feu vif, faire réduire de moitié le jus de cuisson du lièvre, ajouter le mélange champignons/lardons et terminer la cuisson à feu doux. Rectifier l'assaisonnement si nécessaire.

**Recette de Jackie Buchet, restaurant « Le Lignier », Beussent (62) pour la brasserie Bailleux à Gussignies (59).**

*La Saison Saint-Médard, issue du mélange de quatre malts différents, est une bière ambrée à la douce amertume et au bouquet complexe.*

## parmentier de coq mariné à la bière

**Pour 6 personnes**

*1 coq fermier, 1 cuillerée à soupe de cassonade, huile, beurre,*
*15 cl de vinaigre d'alcool, 100 g de farine, 5 grosses pommes de terre,*
*50 cl de lait, 1 cuillerée à soupe de crème fraîche, noix de muscade,*
*1 bouquet de persil, sel de Guérande, poivre du moulin*

*Pour la marinade :*
*2 carottes, 1 gros oignon, 1 poireau, 1 branche de céleri, 1 bouquet garni, 3 gousses d'ail, 75 cl de bière ambrée*

## *Préparer la marinade :*

Laver, éplucher et couper tous les légumes en petits dés de 1 à 2 cm.

Détailler le coq en six morceaux et les placer dans un récipient juste assez grand.

Placer le bouquet garni (deux feuilles de laurier et trois branches de thym ficelées dans une feuille de poireau), ajouter trois gousses d'ail et mouiller le tout à hauteur avec une bière ambrée.

Laisser reposer toute une nuit.

## *Cuire le coq :*

Égoutter le coq et la garniture, réserver la marinade. Assaisonner les morceaux de coq avec du sel de Guérande et du poivre moulu.

Dans un faitout, faire colorer les morceaux dans un mélange de beurre et d'huile bien chaud.

Ajouter la garniture, bien mélanger et laisser légèrement colorer.

Égoutter le tout à nouveau et jeter la graisse.

Remettre le faitout sur le feu, ajouter une cuillerée de cassonade et faire caraméliser.

Quand le caramel est prêt, verser un verre de vinaigre d'alcool.

Faire réduire aux deux tiers, rajouter les morceaux de coq et la garniture, saupoudrer de farine et bien mélanger.

Verser le jus de la marinade (compléter avec de l'eau si nécessaire), saler et porter à ébullition. Dès le premier bouillon, baisser la température, mélanger délicatement et laisser cuire à tout petit feu pendant 2 à 3 h sans oublier de mélanger de temps en temps.

***Préparer le parmentier :***

Laver cinq grosses pommes de terre à purée et les cuire à la pelure.

Égoutter les pommes de terre, les éplucher et les passer au presse-purée sur 25 cl de lait bouillant.

Mélanger, ajouter 100 g de beurre, une cuillerée de crème fraîche et assaisonner de noix de muscade râpée, de sel de Guérande et de poivre du moulin.

Réserver au chaud au bain-marie et verser une fine pellicule de lait sur la surface pour qu'elle ne durcisse pas.

Quand le coq est cuit (la chair se détache facilement des os), vérifier l'assaisonnement et retirer le bouquet garni.

Mouler un large (12 cm) rond de purée au centre de l'assiette très chaude à l'aide d'une cuillère. Poser délicatement un morceau de coq sur ce tapis, l'entourer de légumes, napper de sauce et parsemer de pluches de persil.

**Cette recette nous est proposée par Bernard Desnave, chef du « Petit Bruxelles » à Sainte-Marie-Cappel (59).**

# pigeons au pain d'épice

***Pour 4 personnes***

*2 pigeons, 150 g de farce (porc + veau), 4 carottes, 2 échalotes,
800 g de petits pois frais, 2 grosses pommes de terre, 5 cl de calvados,
25 cl de bière ambrée, 25 cl de bouillon de volaille, 2 tranches de pain d'épice,
1 cuillerée à soupe de cassonade blonde, 50 g de beurre, huile,
herbes aromatiques, 4 tranches de pain de campagne, sel et poivre*

Écosser les petits pois, laver, éplucher et couper les carottes en brunoise, les pommes de terre en rondelles et ciseler les échalotes.

Farcir les pigeons avec le hachis de porc et veau et les herbes aromatiques. Les faire colorer dans une cocotte avec un beurre très chaud.

Arroser de calvados et faire immédiatement flamber.

Ajouter les échalotes ciselées et les carottes en brunoise et laisser revenir quelques minutes.

Préparer un bouillon de volaille, faire chauffer 25 cl de bière et verser les liquides chauds à parts égales sur les pigeons, ajouter le pain d'épice émietté, assaisonner et laisser mijoter, à couvert, pendant 30 min.

Pendant ce temps, cuire les petits pois dans une casserole avec de l'eau à hauteur et une grosse cuillerée de cassonade. Faire rissoler les pommes de terre à la poêle dans un mélange de beurre et d'huile.

Vérifier la cuisson des pigeons ; si la sauce est trop liquide, retirer les pigeons et faire réduire, si elle est trop épaisse, ajouter un peu de bouillon de volaille. Vérifier l'assaisonnement et ajouter les petits pois.

Couper chaque pigeon en deux et dresser les demi-pigeons sur une tranche de pain poêlée, accompagnés de carottes en brunoise, de petits pois et de pommes sautées. Napper de la sauce au pain d'épice.

# saucisses de volailles à l'alsacienne

### *Pour 4 personnes*

*8 saucisses de volailles, 15 cl de bière blonde, 50 g de beurre, 20 g de farine, noix de muscade, sel et poivre*

Dans une sauteuse, faire frire les saucisses dans un beurre bien chaud.

Quand elles ont pris une belle coloration, verser la bière, assaisonner et laisser cuire à petits bouillons pendant 5 min.

Incorporer la farine en pluie en remuant à la cuillère de bois et poursuivre la cuisson jusqu'à un épaississement satisfaisant de la sauce.

Servir avec une purée de pommes de terre saupoudrée de muscade râpée.

# paupiettes de poulet de Maître Kanter

### *Pour 4 personnes*

*4 fines escalopes de poulet, 75 g de lardons, 150 g de mie de pain rassie, 50 cl de lait, 1 œuf, 1 bouquet de persil, 1 bouquet de coriandre, 1 botte de ciboulette, 2 gros oignons, 75 cl de Kanterbräu, 1 bouquet garni, paprika, 50 g de beurre, 50 g de farine, huile d'olive, sel et poivre*

Aplatir les escalopes sur le plan de travail du plat d'une grosse lame.

Dans un bol, battre un œuf entier. Ciseler toutes les herbes et les oignons. Mixer grossièrement les lardons pour faire un hachis. Faire tremper la mie de pain rassise dans le lait.

Dans une cocotte, faire fondre dans un peu d'huile d'olive les lardons et les oignons sans les colorer. Essorer la mie de pain en la pressant fortement à la main et, dans un saladier, mélanger avec l'œuf battu, les lardons et les oignons. Ajouter les herbes ciselées et assaisonner.

Remplir chaque escalope avec une grosse cuillerée de cette farce, les rouler et les ficeler avec du fil de cuisine.

Remettre un peu d'huile dans la cocotte et y colorer les paupiettes sur tous les côtés. Verser la bière, elle doit recouvrir les paupiettes, ajouter le bouquet garni et laisser cuire 1 h à feu doux.

Pendant ce temps, préparer un beurre manié avec 50 g de beurre mou et 50 g de farine. En fin de cuisson, prélever trois louches du jus de cuisson et, dans une casserole, le mélanger au fouet avec le beurre manié pour obtenir une crème onctueuse.

Dresser les paupiettes, accompagnées de macaroni, nappées de sauce et saupoudrées de paprika.

*La Kanterbraü est une blonde fine et légère.*

# saltimbocca de volailles au maroilles et caramel de bière

**Pour 6 personnes**

*6 escalopes de dinde, 6 tranches de jambon fumé, 1 petit fromage de Maroilles, 100 g de gruyère râpé, thym, 3 œufs, farine, chapelure, lait, huile d'olive, 1 l de bière ambrée, 150 g de sucre semoule, 1 cuillerée soupe de vinaigre, sel et poivre*

Enlever la croûte et couper le maroilles en fines tranches. Préparer une assiette avec la chapelure et une autre avec les œufs battus dans un peu de lait.

Sur les escalopes de dinde bien aplaties, poser une tranche de jambon fumé, trois ou quatre lamelles de maroilles, saupoudrer de gruyère râpé et de thym émietté et refermer les escalopes en les pliant en deux.

Passer les escalopes dans l'assiette des œufs battus puis les enduire de chapelure.

Faire colorer les escalopes dans un peu d'huile très chaude, les égoutter, les disposer dans un plat à gratin et les mettre à four moyen pendant une quinzaine de minutes.

Pendant ce temps, préparer le caramel de bière.

Dans une sauteuse, verser la bière, le sucre et le vinaigre, porter à ébullition et faire réduire des deux tiers. Si le caramel est trop liquide, lier légèrement à la fécule de maïs et filtrer.

Dresser les escalopes sur une assiette très chaude, rectifier l'accompagnement et napper de caramel. Une brunoise de légumes frais fera un bel accompagnement.

**Recette de Bruno Denimal, Restaurant Basilico & Co, Tourcoing (59).**

# poularde de Licques en croûte de sel, sauce à la bière des deux caps

***Pour 6 personnes***

*1 poularde de Licques, 4 échalotes, 3 gousses d'ail, thym, laurier, 200 g de carottes, 200 g de rattes, 200 g de topinambour, 200 g de rutabaga, 200 g de salsifis, 50 g de persil plat, 350 g de beurre, 50 cl de bouillon de volaille, 1 l de crème liquide, 75 cl de bière des 2 Caps, fleur de sel, poivre du moulin*

*Pour la pâte à sel :*
*1,5 kg de farine, 1,5 kg de gros sel de mer gris, 3 feuilles de laurier, 1 branche de thym, 5 blancs d'œufs, 50 cl d'eau*

*Pour le bouillon :*
*3 l d'eau, 2 cubes de bouillon de volaille, 1 pied de veau, 1 gros oignon, 2 clous de girofle, 1 bouquet garni, fleur de sel, poivre concassé*

*Préparer la pâte à sel :*

Hacher le thym et le laurier. Dans un grand saladier, bien mélanger tous les ingrédients et laisser reposer la pâte une douzaine d'heures.

*Préparer le bouillon de volaille :*

Réaliser 3 l de bouillon avec tous les ingrédients et porter à ébullition.

Laisser mijoter 2 h à feu doux puis passer au chinois.

*Préparer les légumes :*

Laver, éplucher et détailler grossièrement tous les légumes en cubes de 2 cm.

Cuire les légumes dans le bouillon de volaille en les gardant un peu fermes et les rafraîchir. Réserver.

*Préparer la poularde :*

Farcir la poularde de quatre échalotes, de trois gousses d'ail dégermées, de deux feuilles de laurier et d'une branche de thym. Poivrer l'intérieur et l'extérieur au moulin à poivre.

Abaisser la pâte à sel sur 5 mm d'épaisseur, en garnir un plat allant au four, y déposer la poularde et la recouvrir de la pâte en soudant hermétiquement les bords. Mettre au four à 220 °C pendant 30 min.

Au bout de la demi-heure, mettre le four à 180 °C et laisser cuire pendant 1 h 30.

Préparer la sauce :Faire réduire de trois quarts 50 cl du bouillon, ajouter la bière des 2 Caps et faire réduire de moitié.

Crémer, réduire à nouveau de moitié et monter avec 300 g de beurre.

Assaisonner avec de la fleur de sel.

Sortir la poularde du four et laisser reposer 30 min avant de servir.

Dans une sauteuse, faire doucement fondre 50 g de beurre jusqu'à coloration noisette, ajouter les légumes et faire revenir 4 à 5 min sans trop colorer.

Saler et poivrer selon le goût, parsemer de persil finement haché et réserver au chaud dans une cocotte.

Casser la croûte de la poularde à table, découper et accompagner d'une fricassée de petits légumes avec la sauce des 2 Caps.

**Recette de Jean-Pierre Morichon, restaurant « Aquar'aile », Boulogne, pour Christophe Noyon, brasseur à Tardenghen (62).**

*La 2 Caps est une blonde de caractère brassée par infusion « à l'ancienne ».*

# poularde de Licques farcie pochée à la Kriek

**_Pour 4 personnes_**

*1 poularde de Licques (2 kg), 8 carottes, 2 navets, 1 oignon, 250 g de girolles, 250 g de haricots mange-tout, 75 cl de Kriek, 1 bouquet garni, 1 branche de céleri, 2 clous de girofle, 2 gousses d'ail, 1 cube de bouillon de volaille*

*Pour la farce :*
*150 g de foies de volailles, 2 tranches de pain rassis, 25 cl de lait, 1 oignon, 2 gousses d'ail, 100 g de poitrine fumée, 1 œuf, 100 g de morilles, sel et poivre*

*Pour la sauce :*
*2 cuillerées à soupe de vinaigre de framboise, 2 cuillerées à soupe d'huile de noix, 1 bouquet d'estragon, 20 cerises à l'eau-de-vie*

*Préparer la farce :*

Tremper le pain rassis dans du lait.

Hacher tous les ingrédients, les mettre dans un saladier, ajouter un œuf battu, la mie de pain essorée, bien mélanger, saler et poivrer.

*Cuire la poularde :*

Farcir la poularde avec le hachis et la brider.

Préparer 1 l de bouillon avec le fond de volaille en cube, ajouter 50 cl de Kriek (bière à la cerise), deux carottes coupées en tronçons, les gousses d'ail entières, l'oignon piqué de deux clous de girofle, la branche de céleri et le bouquet garni. Porter à ébullition.

Plonger la poularde dans le bouillon et faire cuire 1 h. (Ajouter de l'eau si nécessaire, la poularde doit être recouverte de liquide.)

Au bout de ce temps, ajouter les navets et les six carottes restantes épluchées et tournées. Laisser mijoter une quinzaine de minutes et ajouter enfin les haricots mange-tout et les girolles bien brossées.

Laisser encore mijoter une quinzaine de minutes.

*Faire la sauce :*

Dans une casserole, faire réduire de moitié deux à trois louches de bouillon et 25 cl de Kriek.

Émulsionner cette réduction au mixer en ajoutant doucement le vinaigre de framboise, l'huile de noix, du sel, du poivre et les feuilles d'estragon ciselées.

Réserver la sauce au bain-marie après y avoir ajouté les cerises à l'eau-de-vie.

## *Dresser :*

Détailler la poularde et dresser sur assiette très chaude un morceau accompagné de farce, de légumes et de champignons pochés. Napper de sauce tiède.

*On peut accompagner ce plat d'un ou deux petits pavés de polenta cuite dans le bouillon de la poularde.*

*La Kriek est une lambic fraîche et fruitée à laquelle on a rajouté des cerises sauvages.*

# waterzoï de volailles

**Pour 4 personnes**

*1 poule de Bourbourg (1,6 kg), 1/2 boule de céleri, 1 poireau, 2 carottes, 2 navets, 40 g de beurre, laurier, 2 clous de girofle, 33 cl de bière blonde, 75 cl d'eau, 4 cuillerées à soupe de crème fraîche*

*Pour le roux :*
*60 g de beurre, 60 g de farine, 1 citron*

Préparer une julienne avec tous les légumes.

Détailler la poule, réserver la carcasse et faire raidir la viande dans du beurre bien chaud. Réserver la viande dans un faitout.

Faire un bouillon avec les restes des légumes, la carcasse, le laurier et les clous de girofle plongés dans 75 cl d'eau et 33 cl de bière blonde. Laisser cuire le bouillon pendant 1 h.

En fin de cuisson, passer le bouillon au chinois et en arroser la viande. Laisser mijoter 1 h 15.

Faire suer la julienne dans un beurre moussant, puis ajouter une louche du bouillon. Laisser cuire 4 à 5 min.

Pour le roux, faire fondre 60 g de beurre et mélanger avec 60 g de farine. Verser le bouillon de poule froid sur le roux chaud, ajouter quatre cuillerées de crème fraîche et arroser du jus d'un demi-citron.

Dresser sur assiette chaude et accompagner d'un riz pilaf, par exemple.

# Braisé de langue de bœuf

**Pour 4 personnes**

- *1,5 kg de langue de bœuf, 75 cl de bière de garde, 100 g de lardons fumés,*
- *2 oignons, 3 carottes, 2 poireaux, 1 branche de thym, 2 feuilles de laurier,*
- *2 clous de girofle, 2 cuillerées à soupe de vergeoise brune, 2 tomates,*
- *2 gousses d'ail, 1 cube de bouillon de bœuf, fécule de maïs, vinaigre,*
- *huile d'arachide, 1 bouquet de cerfeuil, sel et poivre*

*La veille :*

Dans une grande marmite d'eau bouillante salée, faire blanchir la langue 15 min puis la débarrasser de sa peau, la rincer et l'égoutter soigneusement.

Préparer une marinade avec 50 cl de bière de garde, un oignon, une carotte, un poireau coupés en gros dés, du thym, du laurier et deux clous de girofle. Ajouter une cuillerée de vinaigre, une cuillerée de vergeoise brune et laisser mariner la langue toute la nuit.

*Le jour même :*

Retirer la langue de la marinade et l'égoutter. Filtrer la marinade et garder les légumes, sans les clous de girofle, le thym, le laurier.

Préparer 1 l de bouillon de bœuf. Préparer le reste des légumes.

Peler, épépiner et concasser les tomates. Peler et écraser les gousses d'ail.

Dans une sauteuse d'huile bien chaude, faire colorer la langue et la réserver.

Faire suer tous les légumes, y compris ceux de la marinade, les tomates et l'ail. Assaisonner.

Faire réduire la marinade.

Mettre dans une cocotte la langue, tous les légumes, les lardons, une cuillerée de vergeoise et verser dessus, jusqu'au tiers de la hauteur, la marinade chaude et le bouillon de bœuf. Il ne faut pas que la viande soit recouverte. Garder le reste de bouillon au chaud.

Couvrir et faire cuire à tout petits bouillons pendant 2 h sans oublier d'arroser continuellement pour garder le niveau.

Prélever du bouillon de cuisson et le lier à la fécule de maïs pour obtenir une sauce onctueuse. Rectifier l'assaisonnement, couper la langue en tranches moyennes et servir avec des pommes de terre à l'eau.

# Foie de veau sauté à la chicorée

**_Pour 4 personnes_**

*800 g de foie de veau, 25 cl de bière à la chicorée, 500 g de petits oignons, 100 g de beurre, 1 cuillerée à soupe de sucre semoule, 5 cuillerées à soupe de crème double, 1 bouquet de coriandre, 1 bouquet de persil plat, sel et poivre aux baies roses*

Éplucher les petits oignons et détailler le foie de veau en dés de grosseur identique.

Mettre les oignons dans une casserole, verser de l'eau à hauteur, ajouter le sucre en poudre et les faire cuire à brun.

Dans une sauteuse, faire sauter les dés de foie dans un beurre très chaud, assaisonner et saupoudrer des fines herbes hachées. Réserver au chaud.

Quand les petits oignons sont caramélisés, les réserver et déglacer la casserole ainsi que la sauteuse avec la bière à la chicorée.

Mélanger les deux sauces, faire réduire et ajouter la crème double. Laisser infuser.

Dresser le foie de veau en timbale, napper de sauce et accompagner d'un riz basmati ou de pâtes fraîches.

**Recette de Patrick Vauthier pour la brasserie Saint-Germain, Aix-Noulette (62).**

*La Page 24 à la chicorée est une bière de fabrication artisanale, non filtrée et non pasteurisée. Elle a une belle couleur cuivrée et un parfum délicat de grillé et de torréfié.*

# Langue de bœuf à la blanche

***Pour 4 personnes***

*Pour le bouillon*
*2 carottes, 2 navets, 2 oignons, 4 gousses d'ail, 1 bouquet garni*

*Pour le plat*
*1 langue de bœuf, 75 cl de bière blanche, 500 g de champignons de Paris, 1 gousse d'ail, 3 cuillerées à soupe de crème fraîche, beurre, fécule de maïs, 6 échalotes de Busnes, 500 g de rattes du Touquet, sel et poivre*

Préparer un bouillon avec les différents légumes et y faire cuire la langue pendant 2 à 3 h.

Laisser refroidir et ôter la peau.

Eplucher les échalotes et les faire blondir au beurre. Dorer la langue sur toutes ses faces et ajouter la bière blanche, le sel et le poivre. Laisser mijoter 30 min.

Ajouter une louche de bouillon.

Dans une poêle, faire revenir les champignons avec l'ail émincé. Passer le jus de cuisson de la langue sur les champignons, épaissir avec de la crème fraîche et de la fécule de maïs.

Servir avec des pommes à l'eau et les légumes du bouillon, nappés de sauce.

# Ris de veau à l'ail confit

**Pour 4 personnes**

*800 g de ris de veau, 16 gousses d'ail, Vinaigre, 1 bouquet garni, 25 cl de bière brune, 2 cuillerées à soupe de farine, beurre, huile, 25 cl de bouillon de bœuf, cassonade brune, 1 bouquet de persil, 250 g de petits pois, 100 g de petits oignons, 2 carottes, sel et poivre*

Faire dégorger les ris de veau dans de l'eau froide pendant 20 min, puis les blanchir une dizaine de minutes dans une eau bouillante vinaigrée avec un bouquet garni, du sel et du poivre.

Les rafraîchir, retirer la fine enveloppe et les mettre dans une assiette, sous presse.

Tourner les carottes à l'anglaise, éplucher les petits oignons et les mettre à glacer dans un peu d'eau sucrée à la cassonade.

Faire cuire les petits pois à l'eau avec une noix de beurre et une petite cuillerée de cassonade.

Faire confire les gousses d'ail en chemise dans un mélange de beurre et d'huile très chaud et les retirer dès qu'elles se sont amollies. Passer les ris de veau dans la farine, les faire dorer 5 min de chaque côté dans le même mélange et les réserver au chaud.

Déglacer avec la bière brune, ajouter le bouillon de bœuf et faire réduire des deux tiers pour obtenir une sauce onctueuse (éventuellement épaissir d'un beurre manié).

Ajouter tous les légumes pour les réchauffer et laisser infuser 3 ou 4 min.

Servir les ris entourés de tous les légumes, nappés de sauce et parsemés de persil haché.

# Ris de veau aux agrumes

***Pour 4 personnes***

*500 g de ris de veau, 3 pamplemousses, 1 citron, 1 cuillerée à soupe de vergeoise blonde, 75 cl de bière blanche, 1 feuille de laurier, farine, 125 g de beurre, riz basmati, sel et poivre*

Dans un faitout, mettre les ris de veau et les recouvrir de bière blanche. Ajouter une feuille de laurier, le jus d'un demi-citron et porter doucement à ébullition. Laisser mijoter 7 min, passer les ris à l'eau froide pour arrêter la cuisson et les égoutter sur un papier absorbant. Les laisser reposer 30 min.

Pendant ce temps, préparer les pamplemousses. Faire un jus avec le premier et couper en quartiers à vif les deux autres.

Retirer la peau et les cartilages des ris de veau et les couper en fines escalopes.

Passer les escalopes de ris de veau dans la farine légèrement assaisonnée et les faire revenir à feu moyen dans une poêle de beurre moussant pendant 4 à 5 min de chaque côté.

Réserver au chaud.

Dans la poêle, faire revenir au beurre les quartiers de pamplemousse saupoudrés de vergeoise blonde jusqu'à coloration et les réserver au chaud.

Faire un roux avec 50 g de beurre et 50 g de farine puis y incorporer le jus de pamplemousse et remuer à la cuillère de bois jusqu'à ce que la sauce soit bien liée. Ajouter un peu de bière blanche si elle est trop épaisse et un peu de vergeoise si elle est trop acide.

Dresser les escalopes de ris de veau sur un lit de riz basmati, poser une demi-rondelle de citron par-dessus, disposer cinq quartiers de pamplemousse et napper de sauce.

**Recette de Patrick Vauthier.**

# Rognons de veau à la bière de Chimay

***Pour 4 personnes***

*4 rognons de veau, 300 g de lardons, 3 gousses d'ail, 2 échalotes, 25 cl de Chimay rouge, 2 verres de genièvre, 12 baies de genièvre, 1 cuillerée à soupe de farine, 15 cl de fond de veau, 1 cuillerée à soupe de quatre-épices, 1 noix de muscade, 1 bouquet de persil, saindoux, sel et poivre*

Ôter la peau et les parties blanches des rognons, puis les couper en morceaux moyens. Faire tremper les baies de genièvre dans un verre d'alcool de genièvre.

Faire revenir les lardons à transparence dans une poêle bien chaude et, dans une casserole, préparer 15 cl de fond de veau.

Dans une sauteuse, faire blondir les échalotes et l'ail émincés puis saupoudrer d'une cuillerée à soupe de farine et laisser cuire 1 à 2 min sans cesser de tourner. Arroser du bouillon, ajouter le quatre-épices, la muscade, le persil haché, les baies de genièvre, les lardons, le sel, le poivre et laisser infuser quelques minutes. Réserver.

Faire revenir les rognons à feu vif dans du saindoux bien chaud pendant 5 min, sans cesser de les retourner jusqu'à ce qu'ils soient bien raidis. Les réserver au chaud.

Déglacer avec un verre de genièvre en grattant les sucs avec une spatule, porter à ébullition et verser 25 cl de bière brune. Laisser réduire des deux tiers, ajouter la sauce et les rognons et laisser infuser encore quelques minutes.

Servir les rognons accompagnés de pommes vapeur et saupoudrés d'un peu de persil.

*La Chimay rouge est une brune sur lie (7°) de fermentation haute, stricte et charpentée.*

# Tripes moellées à la blanche

**Pour 4 personnes**

*1 kg de tripes de bœuf, 1 gros os à moelle, 4 petits os à moelle,*
*50 cl de bière blanche, 50 cl de riesling, 1 verre à liqueur de genièvre,*
*2 oignons, 2 carottes, 2 clous de girofle, 2 cubes de bouillon de bœuf,*
*1 bouquet garni, 6 à 8 baies de genièvre, concentré de tomates,*
*pâtes fraîches, toasts de pain de mie, fleur de sel, sel et poivre*

Dans une grosse cocotte, mettre les tripes, le gros os à moelle, un oignon piqué de deux clous de girofle, un oignon coupé en lamelles, les carottes en rondelles, le bouquet garni, une cuillerée de concentré de tomates, l'alcool et les baies de genièvre concassées, assaisonner de sel et de poivre et mouiller avec 50 cl de riesling et 50 cl de bière blanche.

Porter à ébullition et laisser mijoter pendant une dizaine d'heures à couvert.

Vérifier l'assaisonnement à mi-cuisson. Mettre les quatre petits os à moelle, une demi-heure avant la fin de cuisson.

Avant de servir, faire cuire les pâtes et préparer les toasts.

Retirer la moelle des petits os, et la poser sur les toasts.

Servir dans une assiette très chaude, avec les pâtes, les toasts de moelle et de la fleur de sel.

# Agneau à l'Escampette

**Pour 4 personnes**

*800 g d'agneau (collier), 1 tomate, 1 gousse d'ail, 2 clous de girofle, 33 cl d'Escampette blonde, 15 cl d'eau, 1 branche de thym frais, 1 feuille de laurier, 2 cuillerées à soupe de farine, huile d'olive, beurre, sel et poivre*

La veille, préparer le plat pour que la préparation refroidisse et puisse remonter doucement en température le lendemain.

Couper la viande en gros dés, émincer l'ail et l'oignon, concasser la tomate.

Dans une cocotte en fonte, mettre à roussir un mélange de beurre et d'huile et y saisir la viande de tous côtés jusqu'à ce qu'elle soit bien dorée.

Ajouter la tomate, l'ail, l'oignon, le thym, une demi-feuille de laurier, deux clous de girofle et assaisonner selon le goût.

Verser la bière et 10 à 15 cl d'eau. Faire mijoter à feu doux pendant 2 h 30 à 3 h (selon les morceaux).

En fin de cuisson, réserver la viande et ôter le thym, le laurier et les clous de girofle.

Ajouter la farine et mixer le contenu de la cocotte pour obtenir une sauce fluide.

Rectifier l'assaisonnement, remettre la viande dans la cocotte et laisser refroidir avant d'entreposer la cocotte au frais.

Le lendemain, réchauffer la cocotte à tout petit feu jusqu'à température de service.

Dresser quelques dés d'agneau nappés de sauce dans une assiette creuse et chaude avec, par exemple, des tagliatelles en accompagnement.

**Recette de Fabrice Gaudé pour la Brasserie de Monceau-Saint-Waast (59).**

*La blonde de l'Escampette est une bière artisanale naturelle, non filtrée, non pasteurisée, non refermentée en bouteille qui titre 6° après une garde minimale de trois semaines.*

# Bison braisé à la brune d'olt

**_Pour 6 personnes_**

*1 kg d'épaule de bison désossée, 300 g d'oignons rouges, 200 g de carottes, 200 g de lard gras, 3 x 75 cl de bière d'Olt (brune), 10 baies de genièvre, 1 clou de girofle, thym, laurier, 1 gousse d'ail, 100 g de raisins secs, 20 grains de poivre noir, 20 cl d'huile de pépins de raisin, 1 l de fond blanc de veau, 15 g de gros sel*

## *La veille*

Couper la viande en gros cubes (60/80 g), le lard en dés (1 cm de côté) et les oignons en paysanne (1 cm de côté). Eplucher et couper les carottes en sifflet et concasser le poivre noir.

Verser tous ces ingrédients dans un grand faitout puis ajouter les baies de genièvre, le clou de girofle, un brin de thym, une feuille de laurier, la gousse d'ail en chemise, les raisins secs, 15 g de gros sel et couvrir le tout de 75 cl de bière brune d'Olt. Le bison doit mariner au frais pendant 12 h.

## *Le lendemain*

Egoutter la viande et filtrer la marinade au travers d'un chinois, réserver la garniture.

Dans une cocotte en fonte, faire chauffer l'huile de pépins de raisin et y faire rissoler les cubes de viande jusqu'à une belle coloration brune. Déglacer avec un peu de la marinade et réduire à sec.

Verser le reste de la marinade dans la cocotte, mouiller avec le fond blanc de veau, ajouter la garniture et couvrir.

Mettre au four à tout petit feu (70 °C maximum) pendant 10 h, sans remuer et sans soulever le couvercle.

Pendant ce temps, dans une large casserole (pour faciliter l'évaporation), faire réduire à sec en deux fois les 2 x 75 cl de bière brune pour obtenir un sirop aux arômes très concentrés (la glace) et réserver.

## *Dix heures plus tard*

Egoutter délicatement la viande de bison et la garniture pour récupérer le fond de cuisson. Retirer le laurier, le thym et le clou de girofle.

Dans une casserole, porter à ébullition le fond de cuisson, rectifier l'assaisonnement et ajouter la glace de bière brune. Remettre la viande et sa garniture dans la cocotte, napper du fond de cuisson et servir.

Cette recette peut être accompagnée d'une purée de pommes de terre et d'une purée de céleri boule, saupoudrées d'une bonne râpée de noix de muscade.

**Recette de Jan Recourt, Restaurant « La Garissade », Labastide-Murat, pour la Brasserie Artisanale Ratz, Arcambal (46).**

*Non filtrée et non pasteurisée, cette bière garde toute son authenticité.*

# Bœuf Jonquilles à la polonaise

**Pour 6 personnes**

*1 kg de gîte de bœuf, 300 g de palette de porc fumé, 150 g de cul de jambon blanc, 3 saucisses de Francfort, 1 bouteille de bière des Jonquilles, 125 g de champignons de Paris, 2 oignons, 4 carottes, 100 g de beurre, 1 bouquet garni, 6 pommes de terre, sel et poivre*

Couper toutes les viandes en gros dés et, dans une cocotte, les faire revenir au beurre une dizaine de minutes.

Laver, éplucher et émincer les légumes, les mettre dans la cocotte, ajouter le bouquet garni, assaisonner et laisser revenir encore 5 min.

Verser le litre de bière de garde, porter à ébullition et laisser mijoter pendant 1 h.

Pendant ce temps, faire cuire à l'eau légèrement salée les pommes de terre coupées en quartiers.

Une demi-heure avant de servir, faire griller les saucisses de Francfort, les couper en tronçons et les mettre dans la cocotte avec les pommes de terre.

**Recette de Patrick Vauthier pour la brasserie Bailleux à Gussignies (59).**

*La Cuvée des Jonquilles est une bière de garde blonde (7°) délicatement parfumée.*

# Blanquette de veau à la Grain d'orge

***Pour 4 personnes***

*600 g de blanquette de veau, 1 gros oignon, 300 g de champignons de Paris, 75 cl de bière Grain d'Orge, beurre, thym, laurier, 25 cl de lait, 2 cuillerées de farine, riz basmati, sel et poivre*

Dans une cocotte en fonte, faire revenir les morceaux de veau dans un beurre bien chaud. Les réserver quand ils sont devenus bien colorés.

Dans la même cocotte, verser les champignons de Paris coupés en morceaux et l'oignon ciselé jusqu'à transparence.

Remettre les morceaux de veau dans la cocotte, arroser de la bière, ajouter le thym et le laurier, saler, poivrer, verser de l'eau à hauteur et laisser mijoter pendant environ 45 min. Surveiller la cuisson et ne pas hésiter à ajouter de l'eau si nécessaire.

En fin de cuisson, retirer les morceaux de viande de la cocotte et préparer la sauce.

Dans un saladier, mélanger deux cuillerées de farine avec 25 cl de lait et verser dans le jus de cuisson sans cesser de mélanger pour éviter les grumeaux.

Remettre les morceaux de veau dans la cocotte et laisser infuser 5 à 6 min, jusqu'à épaississement de la sauce.

Servir la blanquette accompagnée de riz basmati.

**Recette de Nathalie Titecat pour la brasserie Grain d'Orge, Ronchin (59).**

*Cette blonde flamande de fermentation haute (8°) a un goût harmonieusement équilibré de fruité et d'amertume.*

# carbonades flamandes à la moutarde

***Pour 4 personnes***

*1,6 kg de paleron de bœuf, 2 gros oignons, 50 g de beurre, huile d'arachide, thym, laurier, 2 clous de girofle, 2 cuillerées à soupe de cassonade brune, 3 tranches de pain rassis, moutarde, 1 l de bière des 3 Monts, 1 kg de pommes de terre, 1/2 bouquet de persil, sel et poivre*

Couper la viande en cubes d'environ 5 cm. Éplucher et hacher les oignons.

Dans un faitout, faire chauffer un mélange d'huile et de beurre et laisser colorer la viande de chaque côté pendant quelques minutes.

Ajouter les oignons, mélanger, assaisonner et laisser blondir.

Pendant ce temps, étaler généreusement de la moutarde sur chacune des faces des tranches de pain rassis.

Déposer les tranches de pain sur la viande, ajouter du thym, du laurier, deux clous de girofle, la cassonade et 1 l de bière de garde. Porter à ébullition puis baisser le feu pour laisser mijoter pendant 3 h.

Éplucher et tailler les pommes de terre en forme de frites. Les plonger dans l'eau froide, les rincer et les essuyer.

Plonger les frites dans une huile à 180 °C pendant 7 à 8 min. Les égoutter, augmenter la température de la friture à 220 °C et les replonger pour les saisir pendant 1 à 2 min. Les égoutter sur du papier absorbant avant de les saler.

Servir les carbonades, parsemées de persil haché et accompagnées de frites.

*Forte et très houblonnée (8°5), la 3 Monts est une blonde de garde de fermentation haute.*

# carbonades flamandes à la Jenlain

**Pour 4 personnes**

*1,4 kg de bœuf, 100 g de saindoux, 3 cuillerées à soupe de farine, 3 cuillerées à soupe de vinaigre, 1 l de Jenlain ambrée, 50 cl d'eau, 3 cuillerées à soupe de cassonade, 4 tranches de pain d'épice, 300 g d'oignons, laurier, thym, 2 clous de girofle, sel*

Couper la viande en gros cubes et, dans une cocotte, la faire revenir dans le saindoux, 4 min de chaque côté, pour la faire colorer.

Saler, ajouter trois cuillerées de farine, les oignons émincés et laisser cuire 5 min.

Déglacer le tout au vinaigre et verser le litre de bière ambrée et le demi-litre d'eau.

Au premier frémissement, ajouter la cassonade, le pain d'épice émietté, le thym, le laurier et deux clous de girofle.

Laisser mijoter 2 h 30 à 3 h.

Servir à même la cocotte pour garder la chaleur et accompagner de pommes de terre à l'eau ou de pâtes.

*Bière de fermentation haute titrant 6°5, cette ambrée exhale des arômes de caramel, de fruits cuits et de malt grillé.*

# escalopes de porc en croûte d'épices

**Pour 4 personnes**

*4 escalopes de porc fermier, 20 cl de bière brune, 6 tranches de pain d'épice, 40 g de champignons de Paris, 1 œuf, 2 cuillerées à soupe de crème fraîche, 1 bouquet garni, 1 cuillerée à soupe de fécule de maïs, 1 noix de beurre, 1 cuillerée à soupe de lait, huile, sel et poivre*

Préchauffer le four à 80 °C.

Mettre les tranches de pain d'épice dans un plat et les faire sécher au four une trentaine de minutes.

Dans une poêle, faire revenir les escalopes au beurre bien chaud.

Réserver les escalopes et déglacer la poêle à la bière brune.

Ajouter les champignons coupés en duxelles, la crème fraîche, le bouquet garni, une cuillerée de fécule de maïs, assaisonner et mélanger à feu doux.

Dans une assiette creuse, battre l'œuf entier avec le lait et assaisonner.

Mixer les tranches de pain d'épice durcies et mettre cette chapelure dans une autre assiette creuse.

Tourner les escalopes dans l'œuf battu puis dans la chapelure et les faire dorer à l'huile dans une sauteuse.

Servir chaud et napper les escalopes avec la sauce.

**Recette de Frédérique Potiez, Lille (59).**

# Epaule d'agneau fermier du Quercy à la bière d'Olt

***Pour 6 personnes***

*1 kg d'épaule d'agneau désossée (plus les parures), 100 g de mie de pain, 50 g de persil haché, 15 g de sel, 2 g de poivre blanc moulu, 10 cl d'huile d'arachides, 2 x 75 cl de bière d'Olt (brune), 50 g de beurre, 1 morceau de lard, 3 échalotes, 1 oignon, 1 clou de girofle, 50 g de carottes, 1 branche de céleri, 1 gousse d'ail, thym, laurier, 1,5 l de fond blanc de veau, 10 grains de poivre noir, 10 g de gros sel*

Préparer l'épaule : émietter la mie de pain, la mélanger avec 50 g de persil haché, 15 g de sel, 2 g de poivre blanc moulu et saupoudrer l'épaule désossée et bien à plat avec ce mélange.

Rouler la poitrine et la ficeler avec du fil de cuisine. Réserver.

Préparer le fond de braisage : éplucher et couper les carottes en tronçons, émincer les échalotes, éplucher la gousse d'ail, couper l'oignon en deux et le faire caraméliser.

Dans une cocotte en fonte, verser 1,5 l de fond blanc de veau froid, 75 cl de bière d'Olt brune et ajouter le morceau de lard, une branche de céleri, une feuille de laurier, une branche de thym, dix grains de poivre noir, 10 g de gros sel et tous les ingrédients précédents sans oublier de piquer un clou de girofle dans une moitié d'oignon.

Porter à ébullition, écumer et faire cuire à feu doux pendant 2 h.

En fin de cuisson, filtrer le fond de braisage et ôter tous les ingrédients.

Mettre l'épaule d'agneau dans la cocotte et la faire colorer de tous côtés dans un mélange d'huile et de beurre.

Déglacer avec la deuxième bouteille de bière, réduire à sec et mouiller avec le fond de braisage filtré.

Couvrir et faire mijoter à feu très doux (frémissement à peine visible) pendant 5 h en retournant et en arrosant la viande toutes les 30 min.

Retirer l'épaule, la réserver au chaud et faire, si nécessaire, réduire le jus de cuisson pour obtenir une consistance sirupeuse. Rectifier l'assaisonnement.

Couper l'épaule en tranches, napper du fond de cuisson et accompagner de pâtes fraîches.

**Recette de Jan Recourt, Restaurant « La Garissade » à Labastide-Murat, pour la Brasserie Artisanale Ratz, Arcambal (46).**

*Cette brune artisanale de fermentation haute (6°) est refermentée en fût ou en bouteille.*

# Filet mignon de porc à l'avesnoise

### *Pour 4 personnes*

*800 g de filet mignon de porc, 50 cl de bière de garde, 100 g de maroilles, 600 g de rosevals, 2 pommes reinettes, 3 cuillerées à soupe de crème fraîche, 1 bouquet garni, 100 g de beurre, huile, 2 cuillerées à soupe de farine, 1/2 botte de persil, 50 g d'échalotes, 1 noix de muscade, 2 bouquets de mâche, sel, poivre*

Couper le filet en lamelles de 2 cm d'épaisseur et les mettre dans un saladier avec la bière, le bouquet garni et une pincée de sel. Laisser mariner 3 h.

Faire cuire les pommes de terre en robe des champs dans de l'eau bouillante salée. En fin de cuisson, les éplucher ainsi que les pommes reinettes. Couper le tout en quartiers. Réserver.

Dans un faitout, faire colorer du beurre et de l'huile, y plonger les morceaux de viande à l'aide d'une écumoire et faire saisir pendant 5 à 6 min. Saler, poivrer et ajouter deux échalotes hachées. Laisser mijoter.

Singer la viande avec la farine et mélanger.

Enlever grossièrement la croûte du maroilles et le couper en cubes.

Dans une poêle, faire sauter les pommes de terre dans de l'huile et du beurre bien chauds. Dans une autre poêle, répéter l'opération avec les pommes reinettes.

Dans le faitout, ajouter les cubes de maroilles et trois cuillerées de crème fraîche. Laisser mijoter quelques minutes et retirer le bouquet garni.

Saupoudrer les pommes de terre de persil haché, dresser les assiettes en posant la viande au centre, entourée de mâche, de pommes de terre, de pommes reinettes et napper le tout de sauce.

# Filet de veau cocotte

### *Pour 4 personnes*

*800 g de filet mignon de veau, 2 cuillerées d'huile, 50 g de beurre, 100 g de lardons fumés, 20 oignons grelots, 200 g de champignons de Paris, sel, poivre, 50 cl de bière de garde, 1 botte de persil, 1 bouquet de mâche*

Préchauffer le four à 200-220 °C.

Dans une cocotte, à petit feu, faire colorer le filet mignon dans un mélange de beurre et d'huile chaud. Saler et poivrer.

Ajouter les lardons et les laisser prendre 1 à 2 min.

Ajouter ensuite les oignons grelots et attendre 1 à 2 min.

Enfin, ajouter les champignons coupés en quartiers.

Couvrir et mettre au four pendant 20 min.

Sortir la cocotte, déglacer à la bière de garde et remettre au four pendant 20 min.

Servir chaud, entouré des lardons et des légumes et nappé du jus de cuisson de la viande préalablement réduit. Décorer d'un peu de mâche et de persil haché.

# goulasch à la bière

### *Pour 6 personnes*

*1 kg de paleron (bœuf), 1 bouteille de bière de garde, 25 cl de vin blanc, 3 oignons, 100 g de saindoux, 50 g de farine, 1 cuillerée à soupe de concentré de tomates, 1 gousse d'ail, 1 cuillerée à soupe de paprika, 6 pommes de terre, sel et poivre*

Couper la viande en gros dés et la passer dans un mélange de sel et de paprika, de façon à ce que chaque morceau soit bien imprégné.

Dans une cocotte, faire revenir ces morceaux au saindoux et lorsqu'ils sont légèrement rissolés, ajouter les oignons grossièrement émincés, la gousse d'ail écrasée et une cuillerée à soupe de concentré de tomates.

Saupoudrer de farine et laisser cuire 5 min en remuant souvent à la spatule.

Verser la bière et le vin blanc dans la cocotte, porter à ébullition, couvrir la cocotte et mettre à four moyen pendant 1 h.

Ajouter les pommes de terre épluchées et coupées en quartiers et laisser cuire encore 30 min.

# irish stew

### *Pour 4 personnes*

*1,5 kg de ragoût d'agneau, 33 cl de bière brune, 35 cl d'eau, thym, laurier, 30 g de farine, 40 g de beurre, 250 g d'oignons grelots, 300 g de rattes du Touquet, 500 g de carottes, 500 g de petits pois frais, sel et poivre*

Couper la viande en dés, laver et éplucher les légumes, tourner les carottes à l'anglaise.

Passer les dés d'agneau dans la farine, assaisonner et, dans une cocotte, les faire revenir au beurre jusqu'à coloration.

Verser la bière et l'eau, ajouter une branche de thym et une feuille de laurier et faire mijoter pendant 1 h à couvert.

Ajouter les oignons grelots, les carottes et les pommes de terre et laisser mijoter 1 h de plus.

Pendant ce temps, faire cuire les petits pois à l'eau bouillante salée pendant 35 à 40 min. Les rajouter dans la cocotte en fin de cuisson et rectifier l'assaisonnement.

# Jambonneaux Sint-Bernardus

**_Pour 4 personnes_**

*4 jambonneaux salés et fumés, 50 cl de Sint-Bernardus Pater 6, 250 g de champignons de Paris, 1 grosse carotte, 200 g de mâche, 6 pommes de terre, 30 cl de crème fraîche, vinaigre de framboise, thym, laurier, 1 bouquet de persil, huile d'olive, sel et poivre du moulin*

Dégraisser les jambonneaux et les mettre à cuire dans une marmite d'eau avec la carotte, le thym et le laurier pendant 2 h à feu doux.

Sortir les jambonneaux, les réserver au chaud, passer le jus de cuisson au chinois et le faire réduire.

Laver, éplucher et faire cuire les pommes de terre à l'eau ou à la vapeur.

Ajouter alors la Sint-Bernardus et les champignons de Paris coupés en petits morceaux, laisser de nouveau mijoter l'ensemble, mettre la crème fraîche et laisser réduire.

Pendant ce temps, préparer une salade avec les pommes de terre chaudes, la mâche, le vinaigre de framboise, l'huile d'olive et assaisonner.

Dresser les jambonneaux nappés de sauce, saupoudrés de persil haché et accompagnés de la salade de pommes de terre.

**Recette de Stefaan Couttenye, restaurant le 't Hommelhof, Watou, (Belgique) pour la brasserie Sint-Bernardus.**

*La brune Sint-Bernardus Pater 6 est une bière d'abbaye de fermentation haute au goût malté, très fruité, avec une touche de caramel et d'épices et une amertume prononcée.*

# Jarret de bœuf à la grain d'orge

### *Pour 4 personnes*

*1,2 kg de jarret de bœuf, 50 g de saindoux, 2 carottes, 2 oignons, 1 l de bière, grain d'Orge, 1 bouquet garni, 2 clous de girofle, 1 gousse d'ail, 2 cuillerées à soupe de farine, sel et poivre*

Couper le jarret de bœuf en quatre, détailler les oignons et les carottes en rondelles.

Dans un faitout, faire colorer la viande de tous côtés dans du saindoux très chaud. Ajouter les oignons et les carottes et laisser cuire quelques minutes.

Mettre deux cuillerées de farine et faire pincer 2 min. Saler, poivrer et mouiller avec 1 l de bière. Ajouter le bouquet garni, deux clous de girofle, une gousse d'ail entière, couvrir et faire mijoter à feu doux pendant 1 h 45.

Servir les morceaux de jarret avec quelques rondelles de carotte et d'oignon, un peu de sauce et accompagnés d'une part de gratin de pommes de terre.

*Cette blonde de tradition flamande est une bière de haute fermentation d'une grande puissance aromatique et au goût fumé caractéristique.*

# Mixed grill de porc

**Pour 4 personnes**

*4 petites côtes, 4 petites escalopes de foie, 4 tranches de lard fumé, 75 cl de bière blanche, 1 carotte, 1 oignon, 1 citron, thym, laurier, 8 baies de genièvre, 2 cl d'alcool de genièvre, huile d'olive, sel et poivre concassé*

## *Préparer la marinade :*

Dans une terrine, mettre toutes les viandes, le citron, la carotte et l'oignon coupés en rondelles, une branche de thym, une feuille de laurier, les baies de genièvre et recouvrir de 75 cl de bière blanche. Ajouter 2 cl d'alcool de genièvre, une cuillerée d'huile d'olive, le sel et le poivre concassé et laisser mariner au frais pendant 12 h.

Sortir les viandes de la terrine et les poser sur un papier absorbant.

Badigeonner légèrement tous les morceaux d'un peu d'huile d'olive et les faire cuire dans une poêle à steak en commençant par les côtes, puis le lard, et enfin le foie.

Servir avec des légumes cuits à la vapeur ou avec une compote de pommes.

# paupiette de bœuf à la catésienne

### Pour 4 personnes

*4 biftecks de rumsteck (135 g), 400 g de farce fine de porc, 4 fines tranches de lard fumé, 1 carotte, 1 navet, 1 oignon, 1 échalote, 1 gousse d'ail, 4 cornichons, genièvre de Houlle, 1 noix de muscade, 1 bouquet de cerfeuil, 1/2 bouteille de Vivat (blonde), 50 g de cassonade brune, beurre, huile d'arachide, sel et poivre*

Laver, peler et couper la carotte et le navet en fine brunoise. Les blanchir rapidement à l'eau bouillante. Emincer finement l'échalote, la gousse d'ail et quelques branches de cerfeuil.

Dans un saladier, mettre la farce fine, les légumes blanchis et les légumes émincés. Ajouter la muscade râpée et un trait de genièvre de Houlle. Assaisonner légèrement et faire un mélange bien homogène.

Etaler cette farce sur les biftecks, placer le cornichon au centre et rouler la viande en forme de cylindre en prenant garde que rien ne s'en échappe. Entourer la paupiette d'une fine tranche de lard fumé et ficeler avec du fil de cuisine.

Dans une cocotte, faire revenir et colorer les paupiettes sur toutes leurs faces dans un mélange d'huile et de beurre bien chaud. Saler et Poivrer. Réserver les paupiettes au chaud en fin de coloration.

Mettre l'oignon émincé dans le jus de cuisson des paupiettes et laisser blondir, ajouter la cassonade et mélanger.

Remettre les paupiettes dans la cocotte, mouiller avec la bière et porter à ébullition. Couvrir et laisser mijoter 2 h à feu doux.

Dresser les paupiettes dans un plat de service, rectifier l'assaisonnement et les napper du jus de cuisson passé au tamis. On peut les accompagner d'endives braisées, de pommes vapeur, voire de pommes frites.

**Recette de Patrice Fosse – A la Renommée – pour la Brasserie de l'Abbaye – Le Cateau-Cambrésis (59).**

*La toute jeune Vivat est une bière blonde de fermentation haute, pur malt, écumée à l'ancienne et titrant 6°5.*

# Rôti de porc à la rhubarbe

***Pour 4 personnes***

*800 g de rôti de porc, 75 cl de Page 24 à la rhubarbe, 1 gros oignon, 1 bulbe de fenouil, 1 carotte, 1 bouquet garni, coriandre et poivre en grains, 1 boîte d'abricots au sirop, beurre, 4 cuillerées à soupe de crème fraîche, 2 cuillerées à soupe de confiture de rhubarbe, 16 petits oignons au vinaigre, 4 galettes de pommes de terre, sel*

## *La veille*

Dans une cocotte, préparer une marinade avec la bière à la rhubarbe, l'oignon et le fenouil émincés, la carotte en bâtonnets, le bouquet garni, les grains de coriandre et de poivre. Y laisser reposer le rôti de porc pendant une douzaine d'heures en prenant soin de le retourner plusieurs fois.

*Le lendemain*

Bien égoutter le rôti, ôter le bouquet garni, la coriandre et le poivre de la marinade et faire dorer la viande sur toutes ses faces avec les légumes dans du beurre bien chaud.

Après coloration, verser la marinade dans la cocotte, porter à ébullition et faire mijoter pendant 1 h à couvert. Aux deux tiers de la cuisson, ajouter la confiture de rhubarbe et saler légèrement. Pour une sauce plus épaisse, ne pas remettre le couvercle.

Verser les oreillons d'abricot dans une casserole avec leur jus et réchauffer sans faire bouillir.

Oter le couvercle de la cocotte, ajouter quatre cuillerées de crème fraîche et laisser infuser 5 min. Pendant ce temps, cuire à la poêle les galettes de pommes de terre jusqu'à coloration (on les trouve surgelées).

Découper le rôti et dresser chaque tranche sur une assiette chaude avec un peu des légumes et nappée de sauce. Accompagner d'oreillons d'abricot, d'une galette de pommes de terre et de quatre petits oignons au vinaigre.

**Recette de Patrick Vauthier pour la Brasserie Saint-Germain (62).**

*La Page 24 à la Rhubarbe (5°9), peu amère, convient parfaitement aux viandes blanches, aux fruits de mer et aux desserts fruités. Rafraîchissante et désaltérante, c'est une bière d'été par excellence.*

# sauté d'agneau d'estran à la bière brune

**Pour 4 personnes**

*750 g d'épaule d'agneau désossée, 1 gros oignon, 4 carottes, 4 navets, 4 pommes de terre, 75 cl de Pelforth brune, 50 g de farine, 4 gousses d'ail, beurre, huile d'arachide, 1 bouquet garni, 1/2 botte de persil, sel et poivre*

Préchauffer le four à 220 °C. Détailler la viande en gros dés.

Dans une cocotte, faire colorer la viande de tous les côtés dans un mélange bien chaud d'huile et de beurre.

Ajouter une carotte coupée en rondelles, un oignon haché et faire cuire quelques minutes. Vider l'excédent de graisse.

Mettre 50 g de farine, laisser pincer 1 à 2 min et mouiller avec 75 cl de bière brune. Ajouter le bouquet garni, l'ail écrasé, du sel, du poivre et mettre au four pendant 40 à 50 min.

Pendant ce temps, faire cuire les légumes coupés en gros dés (pommes de terre, carottes et navets) dans une casserole d'eau salée.

Déposer les morceaux d'agneau et les légumes égouttés dans un second faitout.

Verser le jus de cuisson de la viande à travers un chinois et laisser infuser le tout 7 à 8 min à petit feu.

Saupoudrer de persil haché au moment de servir.

*Sur la baie de Somme, l'estran est la partie comprise entre les plus hautes et les plus basses marées. C'est sur cette portion de littoral que s'élèvent les moutons de pré-salé.*

*La Pelforth brune est la seule « bière régionale » de la société Heineken.*

# Barbecue d'Alauna

**Pour 4 personnes**

*4 côtes de porc, 75 cl de bière d'Alauna, 10 cl d'huile d'olive, 1 citron (jus), piment doux de Cayenne en poudre, herbes de Provence, poivre aux cinq baies, fleur de sel*

*Préparer la marinade :*

La veille, dans un saladier, verser tous les ingrédients, mettre les côtes de porc et recouvrir entièrement de bière.

Couvrir et réserver au frais jusqu'au lendemain.

*Le jour même :*

Sortir les côtes de porc de la marinade, le temps que se fassent les braises. Quand le barbecue est prêt, déposer les côtes sur le gril, et, dès qu'une flamme apparaît, verser doucement un peu de bière sur les grillades pour l'éteindre.

Non seulement la bière éteint les flammes, mais, de plus, elle apporte une note subtile aux grillades et le sucre qu'elle contient les caramélise légèrement.

**Petit truc du brasseur d'Alauna, Valognes (50).**

*De fermentation naturelle, non filtrée, non pasteurisée, la blonde d'Alauna, légère et digeste, est délicatement parfumée par les arômes de houblon et les épices.*

# Choucroute des brasseurs

**Pour 6 personnes**

*1,2 kg de choucroute crue, 750 g de palette de porc fumé, 6 tranches de lard maigre, 12 rondelles de saucisson à cuire, 6 saucisses de Strasbourg, 50 cl de Spaten, 200 g de couennes de lard gras, 100 g de graisse d'oie, 2 oignons, 2 carottes, 2 clous de girofle, 1 bouquet garni, 24 baies de genièvre, sel et poivre*

Rincer la choucroute à l'eau froide. Graisser le fond et les parois d'une large cocotte allant au four et les tapisser des couennes de lard gras.

Mettre dans la cocotte une moitié de la choucroute et y déposer les tranches de lard maigre, les rondelles de saucisson et la palette.

Ajouter deux oignons piqués d'un clou de girofle, les carottes en tronçons, le bouquet garni et les baies de genièvre. Recouvrir du reste de choucroute et mouiller à hauteur avec 50 cl de bière blonde de Spaten et un peu d'eau si nécessaire.

Couvrir hermétiquement et mettre au four à feu doux pendant 3 h.

Sortir la choucroute, enlever les oignons, les carottes et le bouquet garni.

Faire pocher les saucisses dans une casserole d'eau salée et couper la palette en morceaux.

Dresser la choucroute sur assiette chaude, accompagnée de saucisses, de morceaux de palette, de tranches de saucisson et de lard avec des pommes de terre à l'eau ou à la vapeur.

*Cette bière typiquement munichoise est brassée dans le pur respect de la tradition avec orge et blé les meilleurs de Bavière.*

# Matefaim

### *Pour 4 personnes*

*50 cl de bière blonde, 4 œufs, 100 g de lardons, 80 g de farine, 2 cuillerées à soupe de crème fraîche, 30 g de beurre, 150 g d'oignon, 2 gousses d'ail, 1 bouquet de persil, sel et poivre*

Dans un saladier, battre les œufs entiers et y incorporer peu à peu la farine, puis la bière et la crème fraîche. Ajouter le persil haché, assaisonner et bien mélanger le tout.

Dans un peu de beurre, faire revenir l'oignon émincé, le lard et les gousses d'ail écrasées.

Quand les oignons ont pris une belle coloration, ajouter au contenu du saladier, mélanger et verser le tout dans un plat allant au four. Faire cuire à th. 6 pendant une quinzaine de minutes.

Retourner la pâte comme une crêpe et laisser cuire encore 4 à 5 min.

Servir chaud avec une salade de mâche.

# potée flamande

### *Pour 6 personnes*

*1,2 kg de palette de porc fumé, 2 saucissons crus, 1 chou vert de Saint-Omer, 75 cl d'Hommelpap, 1/4 de céleri-rave, 500 g de carottes, 500 g de rattes du Touquet, 1 bouquet garni, sel et poivre en grains*

Dans une marmite, mettre la palette et les saucissons coupés en gros morceaux, recouvrir complètement de bière et porter à ébullition.

Aux premiers bouillons, ajouter les carottes et le céleri coupés en tronçons, le chou coupé en quartiers, le bouquet garni et quatre à cinq grains de poivre.

Laisser mijoter pendant 1 h 30.

En fin de cuisson, ajouter les pommes de terre épluchées et laisser encore cuire pendant 30 min. Assaisonner au dernier moment.

*Bière flamande artisanale, l'Hommelpap est une blonde sans conservateur et non pasteurisée.*

# Tartiflette de poissons fumés

**Pour 6 personnes**

*1 kg de pommes de terre, 450 g de reblochon, 200 g de lardons de saumon, 200 g de lardons de haddock, 1 gousse d'ail, 2 gros oignons, 125 g de crème fraîche, 3 cuillerées à soupe de graisse de canard, 25 cl de bière blanche, 1 botte de persil, salade feuille de chêne, sel et poivre*

Préchauffer le four à 250 °C.

Eplucher, laver et couper les pommes de terre en rondelles. Emincer les oignons. Couper le saumon et le haddock en lardons (le produit existe tout préparé).

Dans une grande sauteuse, faire chauffer la graisse de canard et y plonger les oignons, les pommes de terre et enfin, les dés de poisson fumé.

Laisser cuire 5 à 6 min sans coloration, déglacer à la bière et assaisonner très légèrement, compte tenu des poissons fumés. Laisser infuser 10 à 15 min.

Pendant ce temps, beurrer un plat à gratin frotté à l'ail, gratter légèrement la croûte du reblochon et le couper en morceaux.

Verser le contenu de la sauteuse dans le plat à gratin, parsemer des morceaux de fromage, verser la crème fraîche et mettre au four moyen pendant 20 min. Saupoudrer de persil haché et accompagner d'une salade de feuilles de chêne rouges et vertes.

# Tartine de Martin

**Pour 4 personnes**

*4 tranches de gros pain, 1 fromage de chèvre fermier, 2 endives, 1 pot de gelée d'Escampette, cerneaux de noix, huile d'olive, vinaigre, une demi-cuillerée à café de vinaigre balsamique, sel et poivre*

Etaler une couche de fromage de chèvre fermier frais sur une tartine de pain de campagne et déposer par-dessus une cuillerée à soupe de gelée à la bière d'Escampette ambrée (voir page 123). Passer la tartine à la salamandre du four jusqu'à ce que la gelée commence à se fondre au fromage.

Pendant ce temps, préparer une salade d'endives.

Dresser les tartines sur un lit de salade et poser un trait de vinaigre balsamique sur l'assiette.

**Recette de la Brasserie de Monceau-Saint-Waast (59).**

# Fondue à la Saint-Médard

### *Pour 6 personnes*

*33 cl de Saison Saint-Médard de Noël, 250 g d'emmenthal français, 250 g de mimolette jeune, 150 g de comté, 150 g de maroilles, 1 cuillerée à soupe de farine, 1 cuillerée à café de bicarbonate de soude, 2 gousses d'ail, 1 verre de genièvre, 1 noix de muscade, poivre du moulin, pain à l'épeautre, 12 parts de jambon d'Ardennes, rattes du Touquet, petits oignons au vinaigre*

Dans un saladier, râper l'emmenthal, la mimolette, le comté, détailler le maroilles en pétales et mélanger l'ensemble en y ajoutant une cuillerée à soupe de farine et une cuillerée à café de bicarbonate de soude (pour faciliter la digestion).

Frotter le poêlon à fondue avec les gousses d'ail et verser la Saint-Médard pour la faire chauffer doucement.

Au premier bouillon, verser petit à petit le contenu du saladier, sans cesser de remuer, et laisser fondre les fromages.

Baisser la flamme, ajouter un verre d'alcool de genièvre, un peu de muscade râpée, du poivre du moulin et mélanger bien le tout.

Servir à table avec le pain à l'épeautre coupé en dés, des rattes du Touquet cuites à l'eau ou à la vapeur, des tranches de jambon d'Ardennes et des petits oignons au vinaigre.

**Recette de Patrick Vauthier pour la brasserie Bailleux à Gussignies (59).**

*La Saison Saint-Médard cuvée de Noël est une brune au caractère bien trempé.*

# champignons à la fleur de houblon

### *Pour 4 personnes*

*500 g de champignons de Paris, 25 cl de 1664 Fleur de Houblon, 2 échalotes, 100 g de beurre, 2 cuillerées à soupe de crème fraîche, 1 bouquet de persil, 1 bouquet de cerfeuil, 1 bouquet de coriandre, sel et poivre*

Nettoyer, essuyer les champignons et les mettre à dorer dans un faitout avec du beurre très chaud. Assaisonner et égoutter l'excédent de beurre dès que les champignons sont saisis.

Mettre les échalotes hachées dans le faitout, mouiller avec 25 cl de 1664 Fleur de Houblon et faire réduire presque entièrement. Ajouter deux cuillerées de crème fraîche épaisse et faire bouillir rapidement 1 à 2 min.

Assaisonner au goût et ajouter le persil, le cerfeuil et la coriandre hachés au moment de servir.

Dresser les champignons nappés de sauce à la bière comme accompagnement de volaille et de viande blanche ou sur une tartine de jambon fumé.

*La 1664 Fleur de Houblon est une blonde brassée avec l'un des meilleurs houblons du monde : le Strisselspalt. Celui-ci offre à cette bière de subtiles saveurs entre le sucré et l'amer et des notes harmonieuses de fruits jaunes, de malt et de miel.*

# ch'ti crumble de chicons

**Pour 4 personnes**

*4 endives, 125 g de beurre, 100 g de farine, 15 cl de la bière du Ch'ti ambrée, 4 cuillerées à soupe de vergeoise blonde, 50 g de flocons d'avoine, 2 citrons, 25 g de crème liquide, 100 g de crème de maroilles, 100 g de fromage de Chimay à la bière, sel et poivre*

Laver les endives et les faire revenir dans 25 g de beurre jusqu'à légère coloration.

Ajouter 15 cl d'eau et 15 cl de bière. Saler, poivrer, saupoudrer de deux cuillerées de vergeoise et ajouter quatre cuillerées du jus des citrons pressés.

Cuire à feu doux pendant une trentaine de minutes, jusqu'à l'absorption du liquide et laisser les endives caraméliser.

Pendant ce temps, préparer le crumble. Dans un saladier, mélanger la farine, les flocons d'avoine, deux cuillerées de vergeoise et le reste du beurre. Saler et poivrer.

Couper les endives en deux, les mettre dans un plat à gratin avec un peu de crème liquide et le jus de cuisson des endives. Recouvrir avec le crumble et parsemer de dés de chimay. Mettre au four et laisser dorer.

Chauffer le reste de crème liquide avec la crème de maroilles et dresser sur assiette chaude deux moitiés d'endive avec la crème. Cela peut accompagner un filet mignon de porc.

**Recette de Cédric Ramon, 1er Prix du Concours Amateur de Cuisine à la Bière des Gambrinales 2004. Le premier week-end d'octobre, Tourcoing (59) met ses habits de fête pour honorer la Bière et les Produits du Terroir.**

# confiture d'échalotes à la bière

**_Pour 6 personnes_**

*6 grosses échalotes (cuisses de poulet), 1/2 tasse de vergeoise blonde, 1 tasse de bière blonde, 25 g de beurre*

Peler et émincer les échalotes.

Dans une poêle, les faire suer dans un beurre bien moussant et ajouter une demi-tasse de vergeoise blonde. Bien mélanger et laisser prendre à petit feu, jusqu'à ce qu'elles soient transparentes (remuer régulièrement pour qu'elles n'attachent pas).

Verser une tasse de bière blonde et faire réduire jusqu'à ce qu'elles soient bien compotées.

Réserver au frais, mettre éventuellement dans un pot à confiture et servir la confiture légèrement tiédie avec, par exemple, un foie gras, une terrine de foies ou un jambon.

## Gelée d'Escampette

**Pour 1 pot à confiture**

*1,5 l d'Escampette ambrée, 1,2 kg de sucre de canne, 20 g de pectine, 1 jus de citron*

Dans une grande casserole, verser la bière, le sucre, la pectine et le jus d'un citron.

Porter à ébullition et laisser cuire jusqu'à ce que le sirop nappe la cuillère.

Mettre en pot.

*La Brasserie avesnoise de Monceau-Saint-Waast (59) travaille encore « à l'ancienne » avec le matériel et les méthodes traditionnelles du* XIX^e^ *siècle.*

## Marinade pour venaison

**Pour 1 litre**

*2 gros oignons, 3 carottes, 2 échalotes, 1/2 bulbe de fenouil, 2 gousses d'ail, huile d'olive, 6 baies de genièvre, thym, laurier, persil, poivre en grains, 1 l de bière de garde, 2 cuillerées à soupe de vinaigre blanc*

Laver, éplucher et hacher grossièrement les carottes, les oignons, les échalotes, le fenouil et l'ail.

Mettre doucement à colorer dans de l'huile d'olive bien chaude puis ajouter les baies de genièvre, le thym et le laurier émiettés, le persil haché et le poivre en grains.

Mouiller avec 1 l de bière de garde et deux cuillerées de vinaigre, porter à ébullition et faire cuire à tout petits bouillons pendant une trentaine de minutes.

Réserver et n'utiliser la marinade que lorsqu'elle est froide.

# poireaux en gratin de l'Abbatiale

**_Pour 4 personnes_**

*1 kg de poireaux, 33 cl d'Abbatiale de Saint-Amand, 50 g de beurre, 40 g de farine, 180 g de gruyère râpé, sel et poivre*

Dans une marmite d'eau bouillante et salée, faire cuire les poireaux coupés en deux pendant une vingtaine de minutes.

Sortir les poireaux et les laisser égoutter.

Pendant ce temps, mettre à chauffer 33 cl d'Abbatiale de Saint-Amand dans une casserole et, dans une autre, faire fondre le beurre, saupoudrer de farine en mélangeant bien pour que ça n'attache pas et laisser cuire 2 à 3 min.

Verser le gruyère râpé dans la bière, assaisonner et laisser mijoter 5 min.

Dans un plat à gratin bien graissé de beurre, disposer les poireaux et les recouvrir de sauce à la bière.

Mettre au four et faire gratiner une dizaine de minutes.

*L'Abbatiale de Saint-Amand est une bière blonde de fermentation haute (7°). Ronde et sucrée, elle est parfumée aux baies de genévrier.*

# Mousseline à la bière blonde

**_Pour 4 personnes_**

*5 œufs, 150 g de beurre clarifié, 10 cl de bière blonde,*
*1 citron, 5 cl de crème fraîche*

Dans un saladier, fouetter vivement la crème fraîche et la laisser reposer.

Dans une sauteuse, faire une émulsion avec les jaunes de cinq œufs et 10 cl de bière blonde.

Mettre à feu moyen et fouetter jusqu'à ce que l'appareil soit cuit et prenne un aspect vaporeux.

Incorporer doucement le beurre clarifié, le jus d'un demi-citron et la crème fouettée.

*Ce sabayon, sur lequel on peut déposer quelques pluches de cerfeuil ou de coriandre, accompagnera agréablement les filets de poisson blanc.*

# sauce à la bière

### *Pour 4 personnes*

*50 cl de bière blonde, 2 échalotes, 25 g de beurre, fond de veau en poudre, 50 cl d'eau, sel et poivre*

Préparer le fond de veau en le faisant dissoudre dans 50 cl d'eau bouillante ; bien remuer pour éviter les grumeaux.

Dans une sauteuse, faire suer les échalotes hachées finement dans un beurre bien moussant.

Ajouter la bière et le fond de veau et faire réduire de trois quarts.

Monter la sauce au beurre et assaisonner de sel et de poivre du moulin.

# soufflé de pommes de terre

### *Pour 6 personnes*

*1,2 kg de bintje, 3 œufs, 25 cl de bière blonde, 150 g de gruyère râpé, 3 cuillerées à soupe de crème double, beurre, noix de muscade, sel et poivre*

Cuire les pommes de terre dans très peu d'eau salée, puis les égoutter, les peler et les passer au presse-purée.

Délayer la purée dans 25 cl de bière blonde, ajouter le gruyère et la crème double, mélanger et assaisonner.

Battre les blancs de trois œufs en neige et les incorporer délicatement à la purée.

Verser la préparation dans un moule à soufflé préalablement beurré, parsemer de muscade râpée et mettre à four doux pendant une vingtaine de minutes.

Servir immédiatement avec une salade.

# pommes nouvelles à l'oseille

***Pour 4 personnes***

*75 cl de bière Gâtine, 1 kg de pommes de terre nouvelles, 1 bouquet d'oseille, 2 épaisses tranches de lard fumé, 4 oignons rouges, beurre, 1 branche de thym, 1 feuille de laurier, sel et poivre du moulin*

Laver, éplucher et couper les pommes de terre en quartiers. Éplucher et émincer les oignons. Laver l'oseille et la hacher grossièrement.

Découper les tranches de lard et blanchir les lardons à l'eau bouillante. Les égoutter, les rincer et les égoutter à nouveau sur papier absorbant.

Dans une cocotte, faire roussir les lardons dans un beurre bien chaud. Ajouter les oignons émincés puis l'oseille et les faire fondre en mélangeant. Poivrer au moulin et mouiller avec la bière.

Ajouter les quartiers de pommes de terre, porter à ébullition, couvrir et faire cuire à feu vif pendant 20 min.

Ôter le couvercle et laisser encore cuire à feu vif pendant 5 à 10 min pour faire réduire.

Servir pour accompagner les viandes blanches ou un poisson.

**Recette de la brasserie Gâtinorge, Amponville (77).**

*La Gâtine blonde est une bière de fermentation haute, sur lie, non filtrée et non pasteurisée, née au cœur du Gâtinais producteur traditionnel d'orge de printemps brassicole.*

# Beignets de pommes en ducasse

*200 g de farine, 10 cl de lait, 10 cl de bière blonde, 3 cuillerées à soupe d'huile, 1 pincée de sel, 4 œufs, 3 pommes reinettes, 100 g de sucre semoule, 3 cl de calvados, sucre glace, huile de friture, 1 citron*

Dans un grand saladier, verser la farine en fontaine, casser deux œufs au milieu et ajouter une pincée de sel. Mélanger au fouet en versant le lait puis la bière. Ajouter trois cuillerées d'huile et laisser reposer la pâte au frais pendant 1 h.

Pendant ce temps, peler les pommes, les évider au vide-pomme, les couper en grosses rondelles et les arroser de citron pour les empêcher de noircir.

Déposer les rondelles dans un plat, les saupoudrer de sucre semoule de chaque côté puis arroser de calvados. Laisser mariner.

Dans un autre saladier, battre en neige les blancs des deux œufs restants avec une pincée de sel. Quand la neige est devenue ferme (elle fait le ruban), l'incorporer doucement avec une spatule de bois à la pâte rafraîchie.

Faire chauffer la friture (chaude mais pas fumante). Plonger les rondelles de pommes dans la pâte, les jeter dans la friture et laisser cuire 5 à 6 min en les retournant une fois à l'aide d'une araignée.

Sortir les beignets, les égoutter sur un papier absorbant, les saupoudrer de sucre glace et servir immédiatement.

# Biscuit à la framboise

**_Pour 6 personnes_**

*Pour la crème :*
*300 g de framboises, 400 g de sucre semoule, liqueur de framboise (facultatif), 6 œufs, 10 cl de crème fraîche épaisse, 225 g de beurre*

*Pour le biscuit :*
*25 g de framboises, 33 cl de Choulette Framboise, 5 œufs, 250 g de sucre semoule, 200 g de farine tamisée, 1 pincée de sel*

## *Préparer la crème de framboises :*

Nettoyer et passer au mixer 300 g de framboises pour obtenir une purée homogène, la mélanger à 150 g de sucre semoule et laisser reposer. On peut éventuellement ajouter une toute petite dose de liqueur de framboise.

Dans une casserole, mélanger 250 g de sucre semoule, six jaunes d'œufs et 10 cl de crème fraîche jusqu'à ce que l'appareil soit bien homogène. Mettre le saladier au bain-marie.

Couper 225 g de beurre ramolli en petits morceaux et les incorporer à la crème à l'aide d'un fouet, jusqu'à ce que la préparation commence à mousser.

Retirer la casserole du feu, sans cesser de battre jusqu'à refroidissement et incorporer doucement la purée de framboises. Laisser reposer au réfrigérateur.

*Préparer le biscuit :*

Dans un saladier, mélanger cinq jaunes d'œufs avec 250 g de sucre, 33 cl de bière à la framboise et 25 g de framboises dépiautées.

Battre les blancs (avec une pincée de sel) en neige bien ferme et les incorporer à l'appareil.

Incorporer en pluie fine 200 g de farine à cette préparation et verser le mélange dans un plat à tarte chemisé de papier sulfurisé préalablement beurré.

Mettre au four à feu doux pendant une trentaine de minutes.

Sortir le biscuit du four et le laisser refroidir.

Couper le biscuit par la moitié et le farcir de la crème de framboises.

On peut l'accompagner d'un coulis de framboises.

*La Choulette Framboise est une bière artisanale parfumée au jus de framboises. Délicatement aromatisée, elle est légèrement acidulée et titre 6°.*

## cake à l'orange de la gâtine

**Pour 6 personnes**

*20 cl de bière Gâtine, 250 g de farine, 15 g de levure en poudre, 50 g de beurre, 125 g de miel, 75 g de sucre roux, 1 orange non traitée*

Préchauffer le four à 170 °C.

Beurrer et fariner un moule à cake. Prélever le zeste de l'orange et la presser pour garder le jus.

Dans une casserole ou au micro-ondes, faire fondre le miel pendant 1 min. Mélanger le miel avec le sucre roux et la bière. Ajouter 50 g de beurre fondu.

Confectionner une pâte avec ce mélange en y ajoutant le jus de l'orange, les zestes, la farine et la levure. Quand elle est bien amalgamée, verser la pâte dans le moule à cake et mettre au four pendant 50 min environ.

Démouler le cake est le laisser refroidir sur grille. Le cake sera toujours meilleur le lendemain.

**Recette de la brasserie Gâtinorge, Amponville (77).**

*Petit secret du brasseur : à la mise en bouteille, intervient une seconde fermentation au miel du Gâtinais.*

# charlotte à la bière des 3 Monts

### *Pour 6 personnes*

*24 biscuits cuillerées, 50 cl de bière des 3 Monts, 4 œufs, 200 g de cassonade blonde, 40 cl d'eau, 1 gousse de vanille, crème chantilly*

Dans un récipient, verser 30 cl de bière des 3 Monts, 40 cl d'eau et y tremper les biscuits cuillerées. Tapisser le fond d'un petit plat à tarte ou d'un moule à charlotte assez bas avec les biscuits imbibés, puis faire le tour du moule avec les autres biscuits coupés en deux.

Dans un saladier, blanchir les jaunes de quatre œufs avec 200 g de cassonade blonde, verser 20 cl de bière peu à peu tout en continuant de fouetter et mettre sur le feu au bain-marie quand le mélange est devenu homogène.

Fendre la gousse de vanille en deux et la mettre dans la crème.

Retirer la crème du feu, la laisser refroidir et y incorporer doucement la crème chantilly (maison ou en bombe) pour bien aérer le mélange.

Verser l'appareil dans le moule et laisser reposer au réfrigérateur.

Servir la charlotte décorée de chantilly.

**Recette de Katy Vasseur, Licques Volailles (62).**

# crème caramélisée Hotteterre

***Pour 5 personnes***

*200 g de crème liquide, 4 œufs, 200 g de bière blonde Hotteterre, 60 g de sucre semoule, 1 feuille de gélatine, beurre, cassonade brune*

Dans un saladier, monter les blancs de quatre œufs en neige, incorporer 150 g de crème liquide et mixer brièvement.

Faire fondre la feuille de gélatine dans de l'eau froide.

Dans une casserole, faire fondre le sucre semoule dans les 50 g de crème liquide restants, puis, sans ébullition, incorporer la feuille de gélatine ramollie et bien essorée.

Mélanger les deux préparations et ajouter le beurre. Verser cet appareil dans des ramequins individuels et faire cuire au bain-marie (150 °C) pendant 30 min.

Sortir les ramequins du bain-marie, les saupoudrer de cassonade brune et les mettre à caraméliser sous le gril.

**Recette de Bruno Hamon, restaurant « Le 46 », Favrieux (78), pour la brasserie Hotteterre.**

*Au pays du cidre, c'est une bière artisanale de haute fermentation, non pasteurisée.*

# conférences glacées à la Terre-Neuve

**_Pour 4 personnes_**

*4 poires conférence, 33 cl de bière blanche Terre-Neuve,*
*4 cuillerées à soupe de miel liquide, 4 cuillerées à soupe de gelée de pomme,*
*3 cuillerées à soupe de sucre semoule, 1 verre d'eau*

Dans une casserole, verser la bière blanche, la porter à ébullition et laisser réduire de moitié.

Pendant ce temps, peler les poires en conservant leur queue.

À réduction de la bière, ajouter le miel et la gelée de pomme. Quand ceux-ci sont bien mélangés à la bière, plonger les poires dans la préparation, couvrir et laisser cuire à petit feu pendant une quinzaine de minutes (les poires doivent rester fermes).

Placer les poires dans une passoire, à l'aide d'une cuillère, et remettre la préparation sur le feu pour obtenir un sirop consistant.

Déposer chaque poire dans une assiette, les napper de sirop et les laisser tiédir.

Pendant ce temps, réaliser un caramel brun avec le sucre et l'eau.

Juste avant de servir, verser délicatement quelques gouttes de caramel sur le sommet des poires et un filet dans le sirop. Décorer de deux feuilles de menthe.

**Recette de Patrick Vauthier pour la « 33 » Export Terre-Neuve.**

*Cette bière blanche (4°5) est un exemple d'équilibre entre le fruité des agrumes, la subtilité des épices et une note levurée.*

# ch'tisecake aux spéculos

***Pour 6 personnes***

*Pour la pâte*
*1 paquet de spéculos (125 g), 50 g de beurre mou, 2 cuillerées à soupe de farine, 2 cuillerées à soupe de vergeoise brune, 10 cl de bière du Ch'ti blonde*

*Pour le flan*
*3 œufs, 15 cl de crème fraîche, 75 g de vergeoise brune, cannelle en poudre, 10 cl de bière du Ch'ti blonde*

Dans un saladier, émietter grossièrement les spéculos, ajouter deux cuillerées à soupe de farine, deux cuillerées à soupe de vergeoise brune, 50 g de beurre ramolli et 10 cl de bière blonde. Mélanger tous ces ingrédients pour obtenir une pâte homogène en n'hésitant pas à rajouter des spéculos et de la farine si la pâte reste trop liquide ou de la bière si elle est trop compacte.

Etaler l'appareil sur le fond d'un moule à tarte en le tassant bien (ou faire des portions individuelles).

Dans un autre récipient, mélanger les œufs entiers, la crème fraîche, le sucre et la bière et verser cette crème sur le fond de tarte.

Saupoudrer de cannelle et cuire au four à 200 °C pendant une quarantaine de minutes. Laisser refroidir avant de servir.

**Recette de Cédric Ramon, lauréat 2004 du Concours Amateur de Cuisine à la Bière lors des Gambrinales de Tourcoing (59).**

# Flan des Moulins d'Ascq

**Pour 6 personnes**

*33 cl de bière blonde des Moulins d'Ascq, 5 œufs, 150 g de cassonade blonde, 125 g de crème fraîche, raisins secs de Smyrne, cannelle en poudre*

Dans une casserole, verser la bière, ajouter la crème fraîche et porter à ébullition en battant au fouet.

Casser cinq œufs entiers dans un saladier et les battre avec la cassonade jusqu'à obtention d'un mélange homogène.

Verser dessus, petit à petit, la préparation à la bière, ajouter les raisins de Smyrne (raisins secs blancs), une pincée de cannelle en poudre, mélanger et verser cet appareil dans de petits ramequins individuels.

Poser les ramequins dans une plaque au bain-marie et mettre à four doux pendant 25 à 30 min.

Laisser reposer au frais avant de servir.

**Recette de Patrick Vauthier pour la brasserie des Moulins d'Ascq.**

*Cette bière biologique (6°2) est une blonde de fermentation haute, agréable aux sens et qui laisse un léger goût sucré sur les lèvres après dégustation.*

# Crêpes de chandeleur

**Pour 6 personnes**

*250 g de farine de froment, 4 œufs, 3 cuillerées à soupe de sucre semoule, 50 cl de bière blonde, 1 pincée de sel, 3 cuillerées à soupe d'huile*

Dans un saladier, verser la farine en puits, ajouter les œufs entiers, le sucre, la pincée de sel et verser petit à petit un quart de la bière en battant bien au fouet pour éviter les grumeaux.

Quand la pâte est devenue bien lisse, verser le reste de la bière, l'huile et laisser reposer à température ambiante pour faire fermenter la bière.

Huiler une poêle à crêpes bien chaude, répandre une fine pellicule de pâte sur toute la surface et la retourner dès qu'elle a épaissi.

Servir les crêpes bien chaudes avec une grande variété de garnitures : vergeoise, sucre glace, confitures, chocolat fondu, crème de noisettes, miel ou alcool à flamber...

# gâteau de riz tourquennois

*250 g de riz rond, 1 l de Duc d'Havré (ambrée), 300 g de vergeoise blonde, 40 g de beurre, 3 œufs, 2 cuillerées à soupe de crème fraîche, 1 orange, 1 citron, 1 gousse de vanille, 10 cl de rhum, 100 g de raisins de Corinthe, 150 g de fruits confits*

Faire tremper les fruits confits et les raisins secs dans un bol de rhum. Zester les agrumes.

Faire blanchir le riz à l'eau bouillante pendant 4 à 5 min, le rincer à l'eau froide et l'égoutter.

Dans une casserole, porter 75 cl de bière à ébullition avec une gousse de vanille fendue en deux et les zestes de citron et d'orange, puis y plonger le riz. Couvrir et laisser cuire 20-25 min à feu doux.

En fin de cuisson, ôter la vanille et préchauffer le four à 180 °C.

Préparer un caramel : dans une sauteuse, faire chauffer 150 g de vergeoise allongée de 25 cl de Duc d'Havré en augmentant la température peu à peu pour finir à feu vif. Faire réduire jusqu'à consistance du sirop et napper de tous côtés un moule à cake (en aluminium jetable) avec ce caramel. Réserver.

Dans un saladier, mélanger les jaunes de trois œufs, 150 g de vergeoise blonde, la crème fraîche et le beurre ramolli. Hors du feu, verser cet appareil dans la casserole de riz, ajouter le contenu du bol de fruits confits et amalgamer le tout.

Remettre à feu très doux 1 à 2 min sans cesser de remuer pour que le riz n'attache pas. Verser cette préparation à l'aide d'une louche dans le moule jetable et le sceller.

Mettre au four dans un bain-marie pendant 40 min.

Sans le mettre au réfrigérateur, laisser refroidir le gâteau pendant quelques heures et le démouler en découpant l'aluminium, il sera plus présentable. Faire des tranches et servir avec une crème anglaise.

**Recette de Patrick Vauthier pour la Duc d'Havré, bière de Tourcoing (59).**

*La Duc d'Havré est une bière artisanale de fermentation haute, ambrée aux six épices (6°2) et refermentée en bouteille. L'origine de son malt, la finesse de sa levure et la qualité de son houblon lui confèrent une saveur unique. Cette bière a été créée en octobre 2004 pour la ville de Tourcoing (59).*

# pain perdu, crème anglaise

***Pour 6 personnes***

*Pour le pain perdu :*
*6 tranches de brioche rassie, 6 œufs, 15 cl de lait, 15 cl de Leffe blonde, 3 cuillerées à soupe de cassonade brune, 80 g de beurre, 1 filet d'huile, 1 pincée de cannelle en poudre*

*Pour la crème anglaise :*
*50 cl de lait, 6 œufs, 125 g de sucre semoule, 1 gousse de vanille*

## *Préparer la crème anglaise :*

Mettre un saladier dans le réfrigérateur ou sur un lit de glaçons.

Dans une casserole, verser 50 cl de lait, 60 g de sucre semoule, ajouter une gousse de vanille fendue en deux et faire chauffer jusqu'à ébullition.

Dans une autre casserole, blanchir au fouet les jaunes de six œufs avec le reste du sucre semoule.

Sans cesser de battre, passer le lait bouillant à travers un chinois recouvert d'un torchon propre, pour le verser sur les œufs blanchis.

Remettre la crème sur le feu et remuer doucement à la cuillère de bois, sans faire bouillir.

Sortir le saladier rafraîchi, y verser la crème, mélanger jusqu'à ce qu'elle refroidisse et réserver au frais.

*Préparer le pain perdu :*

Dans un saladier, casser six œufs, les battre en omelette et ajouter trois cuillerées de cassonade brune, une pincée de cannelle en poudre, 15 cl de lait et 15 cl de bière de garde. Mélanger soigneusement le tout et y faire tremper les tranches de brioche rassie.

Égoutter légèrement les tranches de brioche et les faire revenir à feu doux, de chaque côté, dans une poêle avec du beurre et un filet d'huile bien moussants.

Garnir l'assiette de crème anglaise et y déposer une tranche de pain perdu bien chaud.

*Cette bière d'abbaye (6°6) est une blonde de caractère à la saveur puissante et fruitée.*

# sabayon à la bière brune sucrée

***Pour 4 personnes***

*8 cuillerées à soupe de Wilfort, 8 œufs,*
*8 cuillerées à soupe de sucre semoule, glace à la vanille*

Dans une casserole, mélanger au fouet huit jaunes d'œufs avec la bière brune. Sans cesser de battre, ajouter le sucre peu à peu pour ne pas « brûler » les œufs (ils doivent épaissir sans coaguler).

Faire chauffer la casserole à feu très doux, toujours en battant, jusqu'à obtenir une crème mousseuse homogène.

Verser le sabayon dans une coupe, accompagné d'une petite boule de glace à la vanille.

*Brune de grande tradition, la Wilfort (6°9) est une bière riche d'arômes lentement développés en cave.*

# sablé « spéculos », poêlée de pommes au carambar, crème zestée à la bière blanche

**Pour 4 personnes**

*Pour le sablé*
*100 g de farine, 80 g de beurre, 25 g de vergeoise, 1 œuf,*
*1/2 sachet de levure chimique*

*Pour la poêlée*
*3 pommes, 3 bonbons Carambar, 2 cl d'huile d'arachide, 10 cl de bière blanche*

*Pour la crème*
*2 œufs, 40 g de sucre, 10 cl de crème liquide, 10 cl de lait, 1 citron*

### *Préparer la crème*

Préchauffer le four à 110 °C.

Dans un saladier, mélanger les jaunes de deux œufs, la crème liquide, le lait, un zeste de citron et le sucre, pour obtenir une crème bien homogène.

Verser l'appareil dans des petits moules à crème en verre ou en porcelaine et enfourner au bain-marie pendant 20 min.

Une fois cuite, réserver la crème au frais.

### *Préparer le sablé*

Bien mélanger tous les ingrédients, dans l'ordre pour obtenir une pâte consistante. La pétrir et en faire un rouleau.

Couper le rouleau en quatre parties égales et abaisser la pâte avec la paume de la main sur 5 mm d'épaisseur.

Mettre sur un papier de cuisson et faire cuire au four à 200 °C pendant une quinzaine de minutes.

### *Préparer la poêlée*

Eplucher les pommes et les couper en huit.

Dans une poêle antiadhésive, faire doucement fondre à feu doux les Carambars puis ajouter les quartiers de pomme, l'huile d'arachide et laisser caraméliser 3 min.

Verser 10 cl de bière blanche, laisser réduire 1 min et dresser l'appareil sur les sablés. Réserver le jus de cuisson.

Dès que les crèmes sont refroidies, prendre de la mousse de bière blanche et les napper comme pour un cappuccino.

Dresser sur une assiette les sablés aux pommes nappés du jus de cuisson et la crème en accompagnement.

**Recette de Christophe Hagnerelle, « Le Val d'Auge », Bondues (59) pour le 50e anniversaire du Carambar.**

# petits sablés au miel

**_Pour 6 personnes_**

*750 g de farine tamisée, 250 g de beurre,*
*1 verre à moutarde de bière blonde, 150 g de miel*

Dans un saladier, mélanger le beurre fondu, le miel et la bière. Quand le mélange est homogène, y incorporer petit à petit la farine.

Bien pétrir la pâte et l'abaisser au rouleau sur le plan de travail préalablement fariné. Avec des petits moules à pâtisserie, découper la pâte en petits ronds, en carrés ou toute autre forme désirée.

Poser les biscuits sur une plaque allant au four bien beurrée et les enfourner à feu doux jusqu'à obtenir des petits sablés joliment dorés.

# Tarte au riz d'Ackerland

**_Pour 6 personnes_**

*250 g de riz rond, 3 œufs, Sel, 420 g de sucre semoule, 50 cl d'Ackerland blonde spéciale, 25 cl de lait, 100 g de beurre, 40 g de farine, 100 g de raisins de Corinthe, 100 g de fruits confits, 3 cuillerées de rhum, 100 g de crème fraîche*

Mettre les raisins secs et les fruits confits en brunoise à tremper dans le rhum.

Dans une casserole, verser le riz dans 50 cl de bière et 25 cl de lait portés à ébullition avec 150 g de sucre semoule.

Couvrir et laisser cuire à petit feu pendant une vingtaine de minutes ; le riz doit avoir absorbé tout le liquide.

Pendant ce temps, préchauffer le four à 180 °C et beurrer une tourtière.

Dans deux bols, séparer les blancs des jaunes de trois œufs.

Dans un saladier, battre les jaunes au fouet avec 270 g de sucre semoule, ajouter 40 g de farine, 75 g de beurre fondu, les raisins secs et les fruits confits avec leur jus de macération. Mélanger le tout avec le riz.

Battre vivement les blancs en neige avec une pincée de sel et les incorporer à cette préparation, doucement, à l'aide d'une spatule en bois. Verser l'appareil dans la tourtière beurrée et mettre au four pendant une trentaine de minutes.

Sortir la tarte du four, la saupoudrer immédiatement de sucre et l'accompagner d'une crème anglaise ou d'une compote de pommes tiède.

*Forte et fine, cette bière alsacienne pasteurisée (6°1) bénéficie d'une longue maturation.*

# Tarte à la bière ambrée

**Pour 6 personnes**

*1 pâte à tarte brisée, 25 cl de bière ambrée, 5 œufs, 125 g de cassonade, 125 g de sucre semoule, cannelle en poudre, beurre*

Étaler la pâte brisée sur un plan de travail fariné et en garnir un moule à tarte préalablement beurré. Piquer la pâte et la laisser reposer.

Dans une casserole, verser la bière, la porter à ébullition et arrêter la cuisson au premier bouillon.

Dans un saladier, blanchir les jaunes de trois œufs avec 125 g de sucre semoule. Quand le mélange est devenu homogène, y verser peu à peu, en battant au fouet, la bière tiède.

Remettre cette préparation dans la casserole, chauffer à feu doux en continuant à battre et retirer du feu dès que la crème s'épaissit.

Battre les deux œufs entiers restants en omelette, ajouter une pincée de cannelle en poudre, verser l'omelette dans la préparation en mélangeant bien et étaler cet appareil sur le fond de tarte.

Saupoudrer la surface de cassonade, disséminer quelques noisettes de beurre et mettre au four (th. 7) pendant une vingtaine de minutes (la surface doit être joliment dorée).

*On peut servir cette tarte accompagnée de boules de glace à la vanille.*

# Tarte au sucre du sollier

**Pour 6 personnes**

*1 pâte brisée, 15 cl de Sollier blonde, 2 œufs, 80 g de sucre semoule, 20 cl de crème fraîche, 1 sachet de sucre vanille*

Préchauffer le four à 210 °C.

Étaler la pâte et la disposer dans un moule à tarte préalablement beurré. Ne pas oublier de la piquer.

Dans un saladier, battre les œufs en omelette, ajouter la crème fraîche tout en continuant de battre, puis ajouter le sucre vanille en le mélangeant bien.

Mouiller avec 15 cl de bière blonde Sollier, mélanger à la cuillère de bois et verser l'appareil sur le fond de tarte.

Mettre au four pendant 30 à 35 min, jusqu'à ce que le dessus soit bien doré.

Saupoudrer de sucre vanille pendant que la tarte est chaude.

*On peut garnir la pâte de pommes ou de bananes.*

**Recette de la brasserie du Sollier, Bourges (18).**

*La Blonde Sollier est une bière non filtrée dont un savant mélange de blé et d'orge assure l'originalité.*

# sorbet prestige

***Pour 6 à 8 personnes***

*600 g de sucre semoule, 10 cl de Prestige,*
*20 cl d'eau-de-vie d'esprit de bière, 1 l d'eau*

Dans une grande casserole, mélanger 600 g de sucre semoule avec 1 l d'eau.

Faire bouillir 5 à 6 min et laisser refroidir.

Incorporer la bière ambrée et l'eau-de-vie de bière à ce sirop, mélanger et verser le tout dans une sorbetière.

Tourner jusqu'à ce que le mélange devienne homogène.

Dresser le sorbet en boules dans une coupe à glace ou à champagne, accompagné de biscuits secs (spéculos, langues de chat, etc.).

**Recette de Gilbert Holl pour la brasserie Hollbeer, Riquewihr (68).**

*La Prestige (7°) est une bière ambrée, qui allie force et douceur.*

# petites choses à savoir sur la bière

**Ale :** bière anglaise haute, à l'origine de nombre de bières anglo-saxonnes.
**Bière d'abbaye :** forte et fruitée, elle est généralement fabriquée selon la tradition d'une abbaye existante ou ayant existé.
**Bière de garde :** haute, plus ou moins alcoolisée et fruitée aux saveurs corsées, elle mûrit plusieurs mois en fût où elle subit une fermentation secondaire avant distribution.
**Bière de Mars :** ou bière de printemps, elle est issue d'une tradition du Moyen Age. Brassée au début de l'hiver, la bière reposait pendant les deux mois les plus froids de l'année et annonçait la reprise des semis d'orge.
**Bière de Noël :** légèrement ambrée avec un goût délicat de caramel, elle est fabriquée avec les matières premières de l'année. L'orge de juillet a été transformée en malt au mois d'octobre et mélangée au houblon de septembre.
**Bitter :** bière à la couleur rouge cuivré, amère parce que fortement houblonnée.
**Blanche :** bière de froment, pâle, fruitée et acide.
**Brassage :** deuxième étape de la fabrication. La farine de malt est mélangée à une quantité d'eau chaude qui détermine le goût. On peut y ajouter des éléments qui personnaliseront la bière (maïs, riz, froment...).
**Empâtage :** troisième étape de la fabrication. Le malt moulu est mélangé à deux ou trois fois son poids d'eau de façon à le rendre fermentiscible et subit un échauffement progressif pour faire réagir chaque enzyme. Ce moût est filtré, puis transvasé dans une chaudière et porté à ébullition. On ajoute le houblon qui infuse des heures. Après refroidissement, le moût limpide et amer est prêt pour la fermentation.
**Fabrication :** la bière est fabriquée en cinq étapes : maltage, brassage, empâtage, fermentation, pasteurisation.
**Fermentation :** quatrième étape de la fabrication. Dans une cuve, le moût est ensemencé de levures et subit une fermentation haute ou basse.
**Fermentation basse :** fermentation qui dure de 3 semaines à 3 mois (entre 5 et 9 °C) pendant lesquels les levures tombent au fond de la cuve.
**Fermentation haute :** fermentation qui dure de 2 à 15 jours (entre 15 et 25 °C) où les levures remontent à la surface, formant une couche épaisse au-dessus de la bière.
**Gueuze :** mélange de deux ou trois lambics d'âges différents qui refermentent en bouteille.

**Krieck :** fraîche et fruitée, c'est une bière à laquelle sont ajoutées des cerises sauvages en macération.

**Lager :** bière blonde légère la plus répandue au monde.

**Lambic :** bière de fermentation spontanée, issue d'un moût ensemencé à l'air ambiant de levures existant à l'état naturel dans l'atmosphère, dans une zone limitée à 15 km autour de Bruxelles.

**Maltage :** première étape de la fabrication qui consiste à faire germer les grains d'orge. Les grains germés sont chauffés entre 80 et 105 °C ce qui détermine la couleur et l'arôme du malt. Moulus, les grains donnent le malt prêt au brassage.

**Pasteurisation :** cinquième étape de la fabrication. La bière est brièvement chauffée à haute température pour la stériliser et obtenir une meilleure conservation. Cela supprimant des arômes subtils, on peut remplacer cette opération par des procédés de filtration.

**Pils :** blonde basse, identique à la Lager.

**Porter :** haute, dense, presque noire, c'est l'ancêtre du stout. Les actuelles Porter sont des basses très caramélisées.

**Spéciale :** bière haute issue d'une tradition locale ou d'une fabrication artisanale originale.

**Stout :** haute, presque noire, très houblonnée, elle a un goût prononcé de grillé.

**Trappiste :** hautes et refermentées, seules les bières brassées à l'abbaye même par les moines cisterciens ont droit à cette appellation contrôlée. Elles sont au nombre de six : Chimay, Orval, Rochefort, Westmalle et Westvleteren en Belgique, la Trappe de Tilburg en Hollande.

# index des bières citées

## Toutes les recettes pouvant être réalisées avec une bière similaire

**Abbatiale de Saint-Amand : *Brasserie de Saint-Amand*** – *59230 Saint-Amand (03.27.48.77.77)*

**Ackerland (L') : *Brasserie Météor*** – *67270 Hochfelden (03.88.02.22.22)*

**Angélus (L') : *Brasserie d'Annœullin*** – *59112 Annœullin (03.20.86.83.60)*

**Alauna : *Brasserie d'Alauna*** - *50700 Valognes (02.33.95.14.98)*

**Blanche de Péronne : *Brasserie De Clerck*** – *80200 Péronne (03.22.84.30.94)*

**Blanche de Watou : *Brasserie Van Eecke*** – *8978 Watou – Belgique (057.42.21.49)*

**Bécasse Kriek Lambic (La) : *Brasserie Belle Vue*** – *1600 Sint-Peters-Leeuw – Belgique*

**Belle Siska (La) : *Brasserie De Clerck*** – *80200 Péronne (03.21.88.08.80)*

**Brigantine : *Brasserie de la Côte de Jade*** – *44210 Pornic (02.40.82.87.16)*

**Carousse (La) : *Brasserie du Caroux*** – *34800 Nébian (04.67.88.40.07)*

**Chimay : *Abbaye de Scourmont*** – *6464 Forges-lez-Chimay – Belgique (+32.060/21.30.63)*

**Ch'ti : *Brasserie Castelain*** – *62410 Bénifontaine (03.21.08.68.60)*

**Cuvée des Jonquilles : *Brasserie Bailleux*** – *59570 Gussignies (03.27.66.88.61)*

**2 Caps : *Brasserie Christophe Noyon*** – *62179 Tardinghen (03.21.10.56.53)*

**Duc d'Havré (La) : *Difcom*** – *59000 Villeneuve-d'Ascq (03.20.79.06.00/03.20.79.01.55)*

**Escampette (L') : *Brasserie de Monceau Saint Waast*** – *59.620 Monceau ST Waast (03.27.62.41.87)*

**Fleur de Houblon : *Brasserie Kronenbourg*** – *67210 Obernai (03.88.27.44.88)*

**Frasses (La) : *Microbrasserie La Maison du Père Georges*** – *74360 La Chapelle-d'Abondance (04.50.73.50.29)*

**Frimas : *Brasserie d'Alauna*** – *50700 Valognes (02.33.95.14.98)*

**Fromulus : *Brasserie Van Eecke*** – *8978 Watou – Belgique (057.42.21.49)*

**Fourche du Diable : *Brasserie « La Rouget de Lisle »*** - *39000 Lons le Saulnier (03.84.47.63.10)*

**Gâtine (La) : *Brasserie Gâtinorge*** – *77760 Amponville (01.64.29.35.33)*
**Goudale (La) : *Les Brasseurs de Gayant*** – *59502 Douai (03.27.93.26.22)*
**Grain d'Orge : *Brasserie Grain d'Orge*** – *59790 Ronchin (03.20.16.92.92)*
**Grimbergen : *Brasserie Kronenbourg*** – *67210 Obernai (03.88.27.44.88)*
**Hinano : *Brasserie de Tahiti* -** *98713 Papeete (689/58.37.63)*
**Hommelbier : *Brasserie Van Eecke*** – *8978 Watou – Belgique (057.42.21.49)*
**Hommelpap : *Brasserie Beck*** – *59270 Bailleul (03.28.49.03.90)*
**Hoogarden : *Brasserie DeKluis*** – *3320 Hoegaarden – Belgique (016.76.98.11)*
**Hotteterre : *Brasserie Hotteterre*** – *27750 La Couture-Boussey (02.32.36.76.06)*
**Jenlain : *Brasserie Duyck*** – *59144 Jenlain (03.27.49.74.81)*
**Kanterbraü : *Brasserie Kanterbraü*** – *54250 Champigneulles (03.83.39.50.00)*
**Leffe (La) : *Abbaye de Leffe*** – *5500 Dinant – Belgique (+32 (0) 82/64.75.83)*
**Moulins d'Ascq : *Brasserie Biologique*** – *59650 Villeneuve-d'Ascq (03.20.41.58.48)*
**Mor Braz : *Brasserie Mor Braz*** – *56450 Theix (02.97.42.53.53)*
**Naufrageurs : *Brasserie J.-L. Métayer*** – *17190 Saint-Georges-d'Oléron (05.46.76.67.50)*
**Olt (Bière d') : *Brasserie Artisanale Ratz*** – *46.090 Arcambal (05.65.53.05.63)*
**Page 24 : *Brasserie Saint-Germain*** – *62160 Aix-Noulette (03.21.72.24.24)*
**Pelforth : *Brasserie Heineken*** – *59370 Mons-en-Barœul (03.20.33.67.00)*
**Prestige : *Brasserie Hollbeer*** – *68340 Riquewihr (03.89.73.70.34)*
**Queue de Charrue (La) : *Brasserie Vanuxeem*** – *B7782 Ploegsteert – Belgique (032 56 58 89 23)*
**Saint-Landelin : *Les Brasseurs de Gayant*** – *59502 Douai (03.27.93.26.20)*
**Saint-Martial (La) : *Brasserie Saint-Martial*** – *87000 Limoges (05.55.79.37.98)*
**Saison Saint-Médard : *Brasserie Bailleux*** – *59570 Gussignies (03.27.66.88.61)*
**Sans-Culottes : *Brasserie la Choulette*** – *59111 Hordain (03.27.35.72.44)*
**Secret des Moines : *Brasserie Grain d'Orge*** – *59790 Ronchin (03.20.16.92.92)*
**Sint-Bernardus : *Brasserie Sint-Bernardus*** – *8978 Watou – Belgique (+32 (0) 57/38.80.21)*
**Sollier : *Brasserie du Sollier*** – *18570 Le Subdray (02.48.55.39.36)*
**Spaten : *Spaten-Franziskaner-Braü KgaA*** – *D80335 Munich – Allemagne (011 49 89 5122 – 0)*
**Terre de Brume : *Braserie Jestin Créamanche*** – *62.200 Boulogne/Mer (03.21.80.10.78)*

**Terre-Neuve : *Brasserie Heineken*** – 59370 *Mons-en-Barœul* (03.20.33.67.00)
**Trinquette : *Brasserie d'Alauna*** – 50700 *Valognes* (02.33.95.14.98)
**Trois Monts (La) : *Brasserie de Saint-Sylvestre*** – 59114 *Saint-Sylvestre-Cappel* (03.28.40.15.49)
**Vivat (La) : *Brasserie de l'Abbaye*** – 59.360 *Le Cateau* (03.27.07.19.19)
**Wilfort : *Brasserie Kronenbourg*** – 67210 *Obernai* (03.88.27.44.88)

# Table des recettes

## Coquillages et crustacés

## Pâtisseries et douceurs ..........128

# Remerciements

## Les auteurs tiennent à remercier

Tous les brasseurs et tous les restaurateurs
qui leur ont confié leurs recettes favorites,
en particulier
Bernard et Nicolas Desnave
Stefaan Couttenye

La Confrérie du Houblon d'or
Les Amis de la Bière
pour leur soutien

Julien Saint Maxent
et les volailles de Licques
Gérard Heusele
et les produits tripiers
Gilbert Dupont
et les feux Godin
Francis Staub
et les accessoires en fonte

Tous les fournisseurs
et
Les brigades du Bistrot de Pierrot et de la Marmite de Pierrot

Béatrice
Catherine
Philippine
leurs plus fidèles supportrices

Mention particulière à
Yves Castelain
Catherine Choquelle
pour leur accueil à la Brasserie de Bénifontaine

Cet ouvrage a été imprimé en France par Pollina à Luçon (85) - n° L45949
I.S.B.N. 978.2.7373.3743.7 - N° d'éditeur : 4943.02.1,5.02.08
www.editionsouestfrance.fr